Anne Hassel/Ursula Schmid-Spreer (Hrsg.)
Fränkische S(ch)auerbraten

Wellhöfer Verlag
Ulrich Wellhöfer
Weinbergstraße 26
68259 Mannheim
Tel. 0621/7188167

www.wellhoefer-verlag.de
info@wellhoefer-verlag.de

Titelgestaltung: Uwe Schnieders, Fa. Pixelhall, Mühlhausen
Satz: Creative Design, Lukas Fieber, Mannheim

Der Roman ist frei erfunden. Ähnlichkeiten mit wirklichen Personen oder tatsächlichen Ereignissen sind nicht beabsichtigt und somit rein zufällig.

ISBN 978-3-95428-148-0

Anne Hassel
Ursula Schmid-Spreer (Hrsg.)

Fränkische S(ch)auerbraten

wellhöfer VERLAG

Inhalt

Kai Riedemann
Bis Helgoland ist es nicht weit 7

Toni Feller
Wahre Treue 17

Anne Grießer
Nacktkochen mit Dieter 27

Michael Kress
Kontrahenten in Bayreuth 36

Rike Stienen
Mörderischer Gartenzauber 44

Josef Rauch
Die Rückkehr der Hexen 52

Paula Bengtzon & Fenna Williams
Schluckbeschwerden 62

Lilo Beil
Der Lucas-Cranach-Mord 78

Alex Conrad
Kümmelvariation 90

Ursula Schmid-Spreer
Treffen mit Schorsch 100

Josef Rauch
Kriminelles Dinner 108

Ingrid Werner
Probewohnen 119

Sabine Fink
»Wasnpassiert?« 128

Inge Steinmüller
Kirschgrün 138

Ursula Schmid-Spreer
Carolinas Entscheidung 149

Anne Grießer
Das Weißenburger Rehbraten-Massaker 157

Katrin Jacob
Fränkisches Bierfleisch an mörderischem Salat 167

Anne Hassel
Doppelter Heißhunger 176

Leonhard F. Seidl
Älladätsch 182

Nicole Neubauer
Die Weinprinzessin 189

Claudia Schmid
Nur ein kleines Schlückchen 199

Sabrina Moriggl
Schwein gehabt! 210

Alex Conrad
Geräuchertes 220

Simone Jöst
Die letzte Nacht in Freiheit 228

Anne Hassel
Liebe geht doch nicht durch den Magen 238

KAI RIEDEMANN

Bis Helgoland ist es nicht weit

(Wunsiedel)

Die Stube riecht nach Vergänglichkeit. Es ist jene eigenartige Mischung, die man oft in den Wohnungen alter Menschen vorfindet und die sich auch durch Lüften nicht vertreiben lässt. Muffig, staubig, ein wenig süß und warm. Jeder Sessel verströmt diesen Geruch, jedes Spitzendeckchen, jedes verblühte Usambaraveilchen. Dazu tickt eine Wanduhr. Tick tack, tick tack. Fast so, als würde sie seit Jahrzehnten die Zeit zählen, ohne dass die Zeiger vorrücken müssten. Ein Takt um des Taktes willen.

Nur gut, dass mich das Klappern von Tellern aus meinen Gedanken reißt. Johanna Seyb kocht. Eigentlich wollte ich nur mit ihr reden, aber heute ist Sonntag und da gibt es Fränkischen Sauerbraten mit Kartoffelklößen und Blaukraut. Eine Ablehnung dieser Einladung hätte die alte Frau vermutlich an den Rand des Grabes gebracht.

»Hock dich scho mal hi«, sagt sie und schlurft im Takt der Wanduhr mit ihren Goldrandtellern zu mir in die Stube. Ihre grauen Augen leuchten, als wäre dieser Besuch wie ein Festtag, und das ist er wohl auch. Weil ich mich telefonisch angemeldet habe, war sie beim Friseur und hat ihre Dauerwelle erneuern lassen. Das geblümte Kleid wirkt ebenso frisch gebügelt wie die karierte Schürze. Während ich die Sonntagsteller und das Silberbesteck auf der Tischdecke verteile, bringt sie bereits das Essen. Wiederum schlurfend und die Schüsseln mit ihren knotigen Fingern balancierend.

»Das hat die Franzi immer am liebsten gemocht«, sagt sie und seufzt. »Die kleine Franzi. Gell, es geht ihr doch gut?«

Ich bestätige lächelnd, dass es ihr gut geht, auch wenn sie nicht mehr *die kleine Franzi* ist, sondern nächste Woche ihren 40. Geburtstag feiert. Genau deshalb bin ich ja jetzt hier in Wunsiedel. Getrieben von Neugier und mit Herzklopfen, weil ich viel zu wenig weiß über jene Frau, die ich liebe.

»Lang halt gscheit zu. Es ist reichlich da.« Johanna Seyb zelebriert das Auffüllen des Sauerbratens wie ein Ritual. Verwundert starre ich auf die sämige Soße. Keine Rosinen? Ein würziger Duft steigt mir in die Nase. Zimt? Kardamom? Lebkuchen? Das kenne ich anders.

»Ich schreibe dir nachher auch mal das Rezept auf«, verspricht die Frau kauend. »Dann kannst du die Franzi ein wenig überraschen.« Bei meinen Kochkünsten wäre das wirklich eine Überraschung. Aber ich bin froh, dass sie den eigentlichen Grund meines Besuchs anspricht. Franziska. Von ihrer Vergangenheit in Oberfranken hat sie kaum etwas erzählt. Und es war Zufall, dass ich auf einem alten Brief diese Adresse in Wunsiedel entdeckte. Genauso wie es Zufall war, dass ich geschäftlich nach Nürnberg musste und diesen Abstecher ins Fichtelgebirge machen kann.

»Wie lange hat Franziska denn hier gewohnt?«, frage ich. Der Sauerbraten zaubert ein Lächeln auf mein Gesicht. Welche Gewürze mögen da drin sein? Auch das Blaukraut, das bei uns in Hamburg natürlich Rotkohl heißt, schmeckt köstlich.

»No, viele Jahre haben die da oben gewohnt. Und nett waren sie, alle drei.«

»Alle drei?«

»Der Papa, die Franzi und die Kati. Das war der Franzi ihre Freundin. Die hab ich ja nicht so gemocht, aber sie hatte es ja auch arg schwer so als Waisenkind. Von der Kati die Eltern, die sind bei einem Unfall tot gegangen, und da hat die Franzi sie halt hier mit wohnen lassen. Nicht mal achtzehn Jahre alt waren die Mädchen damals. Und dann ist das mit dem Papa passiert.«

Auch nach so vielen Jahren mit Franziska macht mir die fränkische Sprache Probleme, und wenn dann noch eine Wunsiedlerin im Alter von mindestens achtzig Jahren das Ganze mit Nordbayerisch mischt und dazu Kartoffelklöße kaut, muss ich erst in Ruhe übersetzen.

Tick tack tick tack macht die Wanduhr. Ich nicke dazu. Johanna Seyb schweigt und kaut.

»Was ist denn mit dem Papa passiert?«, frage ich schließlich.

»No, tust du das etwa nicht wissen? Allmächtiger, der ist doch hinuntergefallen, hier auf der Insel Helgoland.«

Der Sauerbraten bleibt mir im Hals stecken. Ich muss husten, was die alte Frau mit einem mitleidigen Blick quittiert. Dann grinst sie.

»Helgoland, so heißt halt ein Stück hier in unserem Felsenlabyrinth. Gell, musst du auch mal hin. Oder tut das zu weh, weil doch der Franzi ihr Papa da gestorben ist?«

Ich lege Messer und Gabel zur Seite. Ein Soßenfleck bleibt auf der gestärkten Tischdecke zurück.

»Unfall?«

Johanna Seyb wackelt mit dem Kopf.

»Da hat es ein wenig Gerüchte gehabt. Aber du weißt ja, wie schnell so was geht. Da sagt jemand, gehört zu haben, dass die Kati vielleicht … Aber das ist Unsinn, gell? Klar ist das Unsinn.« Klingt fast, als müsse sie sich selbst davon überzeugen.

»Das mit Helgoland hat mich erschreckt, weil es da noch eine andere Sache gibt«, erkläre ich. Jetzt legt auch sie Messer und Gabel zur Seite. Am rechten Mundwinkel hängt noch Blaukraut. »Auf Helgoland, also auf der richtigen Nordseeinsel, ist Kati tödlich verunglückt.«

Johanna Seyb bekreuzigt sich. Es ist plötzlich still im Zimmer. Hat auch die Uhr das Ticken eingestellt?

»So, ist sie also tot, die Kati.« Trauer hört sich anders an. »Hab auch nie verstanden, warum die Franzi sie so arg gemocht hat. Und wenn doch an dem Gerücht was war …« Den Satz beendet sie nicht. Vielleicht grübelt sie über ausgleichende Gerechtigkeit des Schicksals. Ich selbst kann nichts zu Katrins Charakter sagen. Damals kannte ich Franziska noch nicht. Der tragische Unfall von Helgoland gehört allerdings zu den wenigen Ereignissen, die sie mir erzählt hat.

»Sind weggezogen nach dem Tod von Franzi ihrem Papa«, meldet sich Johanna Seyb mit zittriger Stimme zu Wort. »Und dann so weit, ganz in den Norden.«

»Nach Hamburg«, bestätige ich.

»Nach Hamburg«, wiederholt sie. »Nein, das war keine gute, die Kati.« Noch vor Kurzem fand die alte Nachbarin alle drei nett. Ob sie etwas weiß und zunächst nur nicht erzählen wollte? Es liegt nicht am Sauerbraten, dass mir übel wird. Irgendwie gibt es zu viele Todesfälle in dieser Geschichte. Franziskas Vater. Und was war mit Katrins Eltern? Dabei wollte ich doch nur neugierig in der Vergangenheit meiner Freundin stöbern. Ich stehe auf, was natürlich unhöflich ist, und blicke mich im Zimmer um. Warum überkommt mich so ein ungutes Gefühl? Mein Blick fällt auf eine Reihe silber gerahmter Fotos, die auf dem Eichenschrank stehen. Schwarz-weiß. Männer in dunklen Anzügen mit Schlips, Frauen in Kleidern mit Spitzenkragen. Über ihnen blickt ein hölzerner Jesus leidend vom Kreuz.

»Haben Sie eigentlich ein Foto von den beiden?«, frage ich. Johanna Seyb scheint zu überlegen. Sie hustet, tupft sich mit dem Tischtuch das Blaukraut vom Mund, dann steht sie schwankend auf.

»Irgendwo, irgendwo müsste ich ... von meinem Geburtstag, da wo wir gefeiert haben. Oder habe ich das nicht mehr?« Sie schüttelt den Kopf und schlurft zum Eichenschrank. Vom Eichenschrank in die Küche. Von der Küche ins Schlafzimmer. Schließlich kehrt sie mit zwei Schuhkartons zurück. Den Inhalt schüttet sie zwischen die Teller und Schüsseln auf dem Stubentisch aus. Fotos. Vermutlich ihr ganzes Leben oder zumindest wichtige Momente. Als Baby auf einem flauschigen Fell, Schule, Hochzeit, Beerdigungen und dazwischen Urlaube und Weihnachtsbäume im Wandel der Zeiten.

Johanna Seyb nimmt das erste Bild in die Hand und betrachtet es lange.

»Das dauert«, sagt sie. »Irgendwo muss das Bild sein. Geh doch jetzt einfach zum Felsenlabyrinth. Und ich schicke dir dann den Paul mit dem Bild und dem Rezept zur Helgoland.« Sie sagt das nicht als Vorschlag, sondern als Befehl.

»Paul?«, frage ich trotzdem nach. »Wer ist Paul?«

»Wohnt oben unterm Dach und hat die beiden auch ein wenig gekannt. Er kommt schon noch von der Arbeit heim.«

Also werfe ich einen letzten Blick auf den Bilderstapel, die Sauerbratenreste und die alte, jetzt in ihre Vergangenheit eintauchende Frau und schließe dann schweigend die Tür.

Der Gegensatz könnte größer kaum sein. Erst die stickige enge Wohnstube mit dem Tick tack der Vergänglichkeit, jetzt die Weite des Felsenlabyrinths Luisenburg. Es ist einzigartig in Europa, sagen die Wunsiedler. Genauso wie sie stolz sind auf *Jean Paul*, den gefeierten Sohn der Stadt, der seine Heimat rühmte: *Ich bin gerne in dir geboren, du kleine, aber gute, lichte Stadt*. Umso verwunderlicher fand ich es immer, dass Franziska derart beharrlich über ihre Zeit in der Heimat schweigt. Keine Fotos, keine Geschichten, nicht mal Erinnerungen an Freunde. Sollte das mit dem mysteriösen Tod ihres Vaters zu tun haben?

Vor mir ragt jener Felsen auf, der Helgoland getauft wurde. Die Ähnlichkeit mit der Nordseeinsel ist gering. Das Labyrinth mit seinen Granitfelsen, Höhlen und Schluchten sieht eher aus, als hätte Gott mit Bauklötzen gespielt. Gigantische Blöcke ragen aus dem Wald hervor, liegen übereinander und nebeneinander, haben sich zu grotesken Gebilden verkeilt. Einige scheinen der Schwerkraft zu trotzen und balancieren in luftiger Höhe.

Vom Erklimmen der in den Stein geschlagenen Stufen bin ich noch außer Atem. Für einen Hamburger scheinen selbst harmlose Felsblöcke alpine Ausmaße anzunehmen. Dabei ist der Moos bewachsene Helgolandfelsen vor mir nicht mal hoch. Eine Holztreppe führt hinauf, oben thront eine Aussichtsplattform, die wirkt wie ein Gartenpavillon mit Gipfelkreuz. Die Geländer sind hoch und stabil. Kann man von diesem Felsen hinunterstürzen?

»Hier ist es passiert«, schreckt mich eine raue Stimme aus meinen Gedanken. Neben mir steht Paul. Genauso habe ich mir jedenfalls Paul vorgestellt. Er hat die Hände tief in den Taschen seiner grauen Strickjacke vergraben. »Sieht nicht mal besonders hoch aus, nicht wahr?«

Für einen tödlichen Sturz reicht es trotzdem. Vor allem, wenn jemand nachhilft und der Kopf unglücklich auf den Steinen aufschlägt.

»Sie sind ein Freund von unserer Franzi?«, fragt er.

»Wir wohnen seit zwei Jahren zusammen«, erkläre ich. Paul brummt. Unter den buschigsten Augenbrauen, die ich je gesehen habe, mustert er den Holzpavillon in der Höhe. Fast so, als würde er in Gedanken den möglichen Ablauf der damaligen Ereignisse nachspielen.

»Ihre Nachbarin sagt, dass es Gerüchte über das Unglück gab?« Statt einer Antwort stapft Paul die Holzstufen hinauf. Ich folge ihm, bis wir von der Insel Helgoland einen Rundblick auf die Granitblöcke und dunklen Fichten haben.

»Wissen Sie«, sagt er, »wenn die Leute daheim sind, reden sie viel. Aber bei der Polizei, da schweigen sie.«

»Und Ihre persönliche Meinung?«

Paul beugt sich über die Brüstung, blickt in die Tiefe und brummt wieder. »Ich hab die Kati nie gemocht.«

Nachdenklich fahre ich mit der Hand über das ergraute Holz. Den Besuch in Wunsiedel habe ich mir anders vorgestellt. Ich wollte ein paar harmlose Antworten, stattdessen habe ich jetzt mehr Fragen als je zuvor. Warum sind die beiden überstürzt von Oberfranken nach Hamburg gezogen? Warum haben sie alle Kontakte abgebrochen? Was ist wirklich im Felsenlabyrinth passiert? Und was später auf der Nordseeinsel Helgoland? Hat sich Katrin umgebracht, weil sie mit der Schuld nicht leben konnte?

Ich werde Franziska nach meiner Rückkehr beichten müssen, dass ich in Wunsiedel war. Sonst finde ich keine Ruhe mehr. Dabei schimpft sie sowieso schon über meine krankhafte Neugier.

»Ach, übrigens«, Paul hält mir einen zerknitterten braunen Umschlag hin. »Das soll ich Ihnen von Johanna geben.«

Den Zettel mit dem Rezept überfliege ich nur flüchtig. Für die Entzifferung der krakeligen Handschrift werde ich vermutlich länger brauchen als für die Zubereitung des Sauerbratens. Spannender finde ich das Foto, das ebenfalls im Umschlag steckt. Franziska vor zwanzig Jahren. Die rotbraunen Haare fielen ihr damals bis auf die Schultern, etwas molliger sieht sie aus. Sie trägt ein helles, luftiges Kleid und eine Bernsteinkette um den Hals. Paul quittiert mein Lächeln mit einem Brummen. Scheint sein Lieblingskommentar zu sein.

Neben Franziska steht ein eher unscheinbares Mädchen mit Lady-Di-Frisur, Rollkragenpulli und zu großer Brille. Das ist also Katrin. Sie umklammert einen Rosenstrauß, der wohl als Geburtstagsgeschenk für Johanna Seyb gedacht ist. Im Hintergrund erkenne ich dasselbe Goldrandgeschirr, von dem ich vorhin gegessen habe. Merkwürdigerweise höre ich wieder das Ticktack der Wanduhr zwischen dem Zwitschern der Vögel im Labyrinthwald.

»Franziska hat sich kaum verändert«, sage ich zu Paul. »Nur die Haare sind kürzer. Und so ein Kleid würde sie auch nicht mehr tragen.«

Paul starrt mich mit offenem Mund an. Seine Augen verschwinden fast völlig unter den dichten Brauen.

»Und Sie sind wirklich Franzis Freund?«, fragt er leise.

»Ja. Wieso?«

»Weil ...« Er räuspert sich. »Die mit den langen Haaren und dem Kleid, das ist die Kati.«

Meine linke Hand umklammert das Holzgeländer. Der Boden unter den Füßen scheint wegzusacken, die Bäume und Felsen um uns herum führen einen grotesken Reigen auf. Meine Franziska ist in Wirklichkeit Katrin? Absurd! Sie kann doch nicht einfach in die Rolle ihrer toten Freundin geschlüpft sein! Das Foto entgleitet meiner Hand und segelt über den Rand der Aussichtsplattform in die Tiefe. Nein, das alles muss ein Irrtum sein. Ein makabrer Scherz. Ein böser Traum.

»Ich habe die Kati nie gemocht«, sagt Paul.

*

Fränkischer Sauerbraten mit Kartoffelklößen und Blaukraut

Zutaten

1 Kilo Rindfleisch (z. B. Schulter)
Butter, Butterschmalz oder Öl zum Anbraten,
Salz, Pfeffer
Für die Beize:
1 Liter Wasser
1/8 Liter Rotweinessig
Pfefferkörner
3 Wacholderbeeren
1 Lorbeerblatt
4 Nelken
3 Pimentkörner
1 Zwiebel
½ Stange Lauch
2 Karotten
1 Scheibe Sellerie in Würfeln
1 Esslöffel Honig
Für die Sauce:
Soßenlebkuchen
Mehl
Sauerrahm
Rotwein
Zimt

Zubereitung

Beize mit dem grob zerkleinerten Gemüse und Gewürzen zubereiten und aufkochen. Das Fleisch in eine Schüssel legen und mit dem abgekochten Sud übergießen, bis es vollständig bedeckt ist. Drei Tage kühl stellen und zugedeckt ziehen lassen, damit das Fleisch mürbe und zart wird.

Dann aus dem Sud nehmen, gut abtropfen lassen oder trockentupfen, leicht salzen und pfeffern und in einem Bräter von allen Seiten kräftig anbraten.
Mit Sud ablöschen und darin bei mäßiger Hitze zugedeckt rund zwei bis drei Stunden schmoren lassen, bis es weich ist.
Den beim ersten Aufkochen entstehenden Schaum abschöpfen. Mehrmals wenden und bei Bedarf Sud nachgießen. Das fertig geschmorte Fleisch herausnehmen.
Sud und mitgekochtes Gemüse mit dem Stabmixer pürieren.
Den Soßenlebkuchen zerbröckeln, darin ziehen lassen und mit dem Schneebesen verrühren.
Mehl anschwitzen und in die Soße geben. Alles pürieren und durch ein feines Sieb passieren. Kurz aufkochen und dabei mit Salz, Zucker, Pfeffer, eventuell etwas Rahm oder Sauerrahm, Zimt und Rotwein abschmecken.
Das Fleisch aufschneiden und in der Soße servieren. Dazu isst man Kartoffelklöße und Blaukraut.

Toni Feller

Wahre Treue

(Coburg)

Sie war eine Heiratsschwindlerin. Die beste von allen. Davon war sie überzeugt, denn sie übte den *Beruf,* wie sie ihr betrügerisches Wirken nannte, schon seit über dreißig Jahren aus, ohne auch nur einmal vorzeitig entlarvt, geschweige denn von der Polizei erwischt worden zu sein. Ihre Taten plante sie stets mit höchster Präzision. In früheren Jahren schaffte sie es manchmal, drei Fische gleichzeitig an der Angel zu haben. Mit viel Geschick konnte sie einen nach dem anderen an Land ziehen und genüsslich ausnehmen. Oft waren es nur Beamte oder kleine Unternehmer, die sie um ihre Ersparnisse erleichterte. Aber immerhin reichte es, um ein durchaus luxuriöses Leben zu führen.

Trotz ihrer nunmehr zweiundfünfzig Jahre war sie auch noch für wesentlich jüngere Männer ein absoluter Hingucker. Ihre Figur, die sie meist mit sehr vorteilhaft geschnittener Kleidung betont in Szene setzte, raubte fast jedem Mann den Atem. Allein ihre Beine waren eine Augenweide. Und wenn sie mit einem Blick, der sanft und fordernd zugleich schien, scheinbar gelangweilt in die Runde schaute, wünschte sich jeder, ob verheiratet oder nicht, er möge auf ihm haften bleiben, denn ihre großen, braungrünen Augen versprachen das Paradies auf Erden. Ihr Gesicht war ein Geheimnis, wandelbar wie die schillernde Haut eines Chamäleons, doch stets geprägt von perfekter Harmonie. Das weit bis über die Schultern reichende rötlichbraune Haar hatte sie meist mit einer Spange hochgesteckt. Sie wusste, dass dies die Fantasie der Männer anregte und sie wusste auch, dass sie mit dem Lösen der Spange im richtigen Augenblick jeden Mann um den Verstand bringen konnte.

Wie viele Männer hatte sie nicht nur um den Verstand, sondern auch um deren Vermögen gebracht? Es waren zu viele, um sich an jeden einzelnen erinnern zu können. Sie führte kein Buch. Ihre ganze Konzentration richtete sie darauf, nicht erwischt zu werden. Mit dem erbeuteten Geld führte sie immer so lange ein Leben in Glamour und Luxus, bis es aufgebraucht war. Dann ging sie wieder auf die Jagd. So gesehen konnte man sie mit einer einsamen Löwin vergleichen, die nur Beute schlug, wenn sie wieder Hunger hatte, die sich aber stets das beste Wild aussuchte, um es dann genüsslich zu verspeisen.

Doch nun schien sie an einem Punkt angekommen zu sein, an dem ihr klar wurde, dass das Alter auch vor ihr nicht halt machte und es so nicht ewig weitergehen konnte. Des dauernden Jagens überdrüssig, wollte sie irgendwann auch in den verdienten und vor allen Dingen finanziell gesicherten Ruhestand gehen. Sie würde sich auf den Bahamas eine schöne Villa kaufen, fernab von Deutschland und einer Polizei, die sich ihr schon mehrmals dicht an die Fersen geheftet hatte. Doch dazu musste sie einen Coup landen, der alles Bisherige in den Schatten stellte.

Geduldig suchte sie in Tageszeitungen und Journalen nach einem geeigneten Opfer. Sie hatte schon fünf an der Zahl in die engere Wahl gezogen, doch bei näherer Überprüfung kam sie zu dem Schluss, dass deren Vermögen nicht ausreichte, um ihr einen gehobenen Lebensstandard bis an das Ende ihrer Tage zu gewährleisten.

Es waren bereits Wochen vergangen, als sie endlich auf einen Artikel stieß, der ihr Herz sofort höherschlagen ließ. *Baron Gunther von Weißenstein gibt sein letztes Fest,* lautete der Titel. Hastig überflog sie die Zeilen, bevor sie den Text noch einmal genauer studierte und regelrecht in sich aufsog. Danach wusste sie, dass sie den richtigen Kandidaten gefunden hatte. In den folgenden Tagen las sie fast alles, was über Baron von Weißenstein jemals publiziert wurde. Die meisten Informationen zog sie aus dem Internet. Doch sie scheute sich auch nicht, in verschiedenen Zeitungsarchiven zu forschen. Ihr Ziel war es, den bestmöglichsten Köder herauszufinden, mit dem sie diesen dicksten aller Fische fangen konnte. Ihre Schönheit allein würde dazu sicher nicht ausreichen. Sie machte sich zahlreiche Notizen, die sie schließlich aufs Wesentlichste zusammenfasste.

Baron von Weißenstein kannte sie aus den Illustrierten, die sie gelesen hatte, als sie noch zur Schule ging. Er war jahrzehntelang zwar nicht der bestaussehende, dafür aber der reichste Junggeselle Deutschlands, wenn nicht sogar Europas. Und er war ein Playboy, der zu leben wusste, doch sein Geld nicht mit vollen Händen aus dem Fenster warf. Ganz im Gegenteil: Er hatte ein Finanzimperium aufgebaut, das ihn täglich, ja sogar stündlich reicher werden ließ. Es gab Zeiten, in denen er fast jeden Tag die Gazetten füllte. Die Bilder ähnelten sich. Meist von mehreren hübschen Frauen umringt, schienen diese ihn förmlich anzubeten. Gelegentlich sah man ihn aber auch nur mit einer einzigen namenlosen Schönheit, die an seiner Seite wie ein Komet am nächtlichen Himmel leuchtete, um kurze Zeit später im Nichts zu verglühen.

Wohl seinem Alter geschuldet, wurde es in den letzten Jahren still um ihn. Er hatte sich auf sein feudales Anwesen, das schönste der vier Coburger Schlösser, zurückgezogen, wo er von mehreren Hausangestellten und einem Butler namens Konrad behütet und umsorgt wurde. Von dem Butler kannte man nur den Vornamen. Vor mehr als zwanzig Jahren wurde in einigen Zeitungen berichtet, Baron von Weißenstein sei homosexuell oder zumindest bisexuell. Warum sonst würde er einen Butler einstellen, der so unverschämt gut aussehe. Als der Baron jedoch von einem Paparazzi einige Wochen später nackt, wie Gott ihn schuf, auf seiner Motorjacht an der französischen Riviera mit einer ebenso hüllenlosen Schönheit fotografiert wurde, zerschlug sich dieses Gerücht schneller als es aufgekommen war.

Der letzte Artikel über den Baron kündigte dessen 85. Geburtstag und eine opulente Feierlichkeit an, zu dem der Jubilar noch einmal den gesamten Hochadel Europas einlud.

Wie sie es zuwege brachte, sich Zugang zu dem Fest zu verschaffen, blieb ihr Geheimnis. Sie entschied sich, als russische Adelige aufzutreten. Den entsprechenden Akzent hatte sie schon vor langer Zeit einstudiert und immer mal wieder sehr wirksam als Tarnung oder als Verführungsmittel eingesetzt. Ihn konnte sie beliebig lange durchhalten.

Kaum hatte sie den großen Festsaal betreten, zog sie auch schon die Blicke der Anwesenden auf sich. Ihre Erscheinung war überwältigend, nicht nur für Männer. Frauen schauten sie neidvoll an, um sich gleich danach gespielt desinteressiert zu geben.

Das Kleid von Dior hatte sie ein kleines Vermögen gekostet. Den Frisör, den sie extra aus Mailand einfliegen ließ, hatte sie ebenfalls fürstlich entlohnen müssen. Das Diadem, das Collier und die beiden Ringe hatte sie sich nach Abschluss einer hohen Versicherung von Deutschlands bestem Juwelier ausgeliehen. Es war nicht das erste Mal. Die hochhackigen, goldbesetzten Schuhe, mit denen sie elfengleich über den Boden zu schweben schien, waren eine Sonderanfertigung von Armani.

Als sich ihr Blick mit dem des Barons kreuzte, wusste sie sofort, dass in dem alten Herrn noch jenes Feuer loderte, das ihn schon als blutjungen Mann zum Frauenhelden gemacht hatte. Bestimmt nicht mehr so hell und lichterloh wie in jungen Jahren, aber eine heiße Glut war ohne Zweifel noch vorhanden.

In den nächsten zwei, drei Stunden brannte sie ein Feuerwerk ihres Charmes sowie ihrer umfangreichen Kenntnisse in Politik und Wirtschaft ab. Als sie einmal wie zufällig, keine zwei Meter vom Gastgeber entfernt, angeregt mit anderen Gästen plauderte, zog sie ihr Trumpf-Ass. Mit rollendem >R< rief sie laut: »Coburger Goldschmätzchen? Für die gebe ich Leben! Leider in Russland bekomme ich nicht. Aber hier in Deutschland, ich werde kaufen und dann ich backe selbst.«

Jeder, der den Baron näher kannte, wusste, dass es sich bei Coburger Goldschmätzchen um das Lieblingsgebäck des Adligen handelte. Vor einigen Jahren rutschte ihm bei einem Interview genau dieser Satz heraus: »Für Coburger Goldschmätzchen sterbe ich!« Die Aussage rief damals fette Schlagzeilen in mehreren Gazetten hervor.

Gegen Mitternacht schien der erste Teil ihres Planes aufzugehen: Konrad näherte sich ihr diskret und flüsterte ihr ins Ohr, Herr Baron würde sich glücklich schätzen, wenn sie ihn heute Nacht und die folgenden Tage mit ihrer Anwesenheit im Schloss beehren würde. Sie bat um Bedenkzeit, die jedoch nicht länger als ein paar Minuten andauerte. Als Baron Gunther von Weißenstein wieder einmal so ganz nebenbei zu ihr hinsah, nickte sie ihm kaum merklich zu. Ein Lächeln huschte dem alten Mann über das Gesicht, bevor er sich wieder seinem Gesprächspartner zuwandte.

Vier Wochen später fand die Hochzeit statt. Pass und Geburtsurkunde waren perfekt gefälscht. Sie hielten jeder Überprüfung stand. Gräfin Katharina von Woronesh lautete ihr offizieller Name dieses Mal. Der Baron hatte vorgeschlagen, die Zeremonie nur im allerengsten Kreis stattfinden zu lassen. Ihr kam dieser Vorschlag äußerst gelegen, denn je weniger Gäste und Pressevertreter, desto kleiner das Risiko, als Betrügerin aufzufliegen. So geschah es, dass die Trauung im kleinen Konferenzsaal des Schlosses vollzogen wurde. Anwesend waren lediglich der Standesbeamte und Konrad als Zeuge. Die Heiratsurkunde schloss der frischgebackene Ehemann anschließend gleich in einen Safe ein.

Entgegen ihren Erwartungen verlief die Hochzeitsnacht überaus stürmisch. Bisher hatte sie dem Baron lediglich einige verheißungsvolle Einblicke in ihre weiblichen Reize gestattet. Nie kam es zum Äußersten. Sie hatte sich ihrem Gatten mit der Begründung verweigert, sie würde sich der Tradition ihrer Vorfahren unterwerfen und sich dem höchsten Glück erst in der Hochzeitsnacht hingeben wollen. Insgeheim hoffte sie, nein, sie war sich fast sicher, dass ihre Fähigkeiten in Sachen Liebe bei Weitem ausreichen würden, in dieser Nacht das völlig überanstrengte Herz ihres frisch Vermählten für immer zum Stillstand zu bringen.

So gab sie also ihr Bestes. Doch nicht nur sie. Auch Baron Gunther von Weißenstein schwang sich in jener Nacht zu nicht mehr für möglich gehaltenen Leistungen auf, die ihn mehrfach in ein Paradies katapultierten, in das er immer dann Zutritt fand, wenn er sich nicht nur mit einer bildhübschen, sondern auch mit einer in Sachen Erotik ganz besonders intelligenten und kreativen Frau vergnügen konnte. Er hatte Spaß wie schon lange nicht mehr und am nächsten Morgen schien er um Jahre jünger geworden zu sein.

Zum Leidwesen der Baronin von Weißenstein, alias Gräfin Katharina von Woronesh, setzte sich die unerwartete Vitalität ihres Gatten scheinbar zeitlos fort, weshalb sie sich bald gezwungen sah, Plan B in Angriff zu nehmen. Jedoch ergänzte sie ihn entgegen ihrem ursprünglichen Plan noch um eine Nuance: Warum sollte sie nicht diesen blendend aussehenden Butler mit ins Boot nehmen? Etwa im gleichen Alter wie sie, könnte er ihr nicht nur bei ihrem Vorhaben sehr nützlich sein, sondern ihr auch das Leben auf den Bahamas versüßen.

*

Sie hatte leichtes Spiel. Als sich Konrads Gesicht zwischen ihren üppigen Brüsten vergrub und seine Zunge langsam abwärts glitt, hielt sie auf halbem Weg seinen Kopf mit beiden Händen fest.

»Kannst du schnell wirkendes Gift besorgen?«, hauchte sie, um gleich wieder lustvoll zu stöhnen.

Er verstand sofort. »Das musst du schon selbst tun«, antwortete er und setzte sein Spiel fort.

»Gut«, sagte sie und stöhnte noch lustvoller. »Aber du musst die Bediensteten wegschicken und mir, wenn nötig, ein Alibi verschaffen!«

»Abgemacht«, erwiderte er etwas außer Atem. »Wann?«

»Nächsten Mittwoch beim Dinner.«

Im gleichen Augenblick schlug die Woge der Lust über ihr zusammen.

*

»Darf ich dir die Goldschmätzchen reichen, mein Schatz? Ich habe sie selbst gebacken.« Mit einem verführerischen Lächeln hob sie die kunstvoll verzierte und aus Bleikristall bestehende kleine Gebäckschüssel in die Höhe.

»Danke, meine Liebe, heute nicht.«

»Aber ich habe mir doch solche Mühe gegeben!«

»Ach Liebste, ich bin ein alter Mann. Mein Magen. Mir ist heute nicht gut. Trinkst du mit mir einen Kräuterlikör?« Baron von Weißenstein deutete auf eine schön verzierte

Flasche und zwei Gläser, die auf dem Serviertischchen standen. »Vielleicht kann ich danach doch noch von deinen leckeren Goldschmätzchen kosten. «

»Oh, mit Vergnügen, mein Schatz!« Hastig erhob sie sich. Während sie die Gläser füllte, dachte sie an das gigantische Vermögen, an das Schloss, den Rolls Royce, Ferrari und Bugatti, den kostbaren Familienschmuck, an die vielen Gemälde berühmter Meister und natürlich auch an Konrad. All das war zum Greifen nah. Und warum sollte sie auf die Bahamas flüchten? Der Arzt würde nichts anderes als eine Herzinsuffizienz mit anschließendem Versagen des lebenswichtigen Organs feststellen. Sie konnte im Schloss doch mindestens genauso gut leben wie in einer Villa auf den Bahamas. Sie durfte nur nicht in die Öffentlichkeit treten. Die musste sie scheuen wie der Teufel das Weihwasser. Wenn sie in einer Zeitung auch nur von einem ihrer zahlreichen Opfer erkannt werden würde, könnte das ihren Untergang bedeuten. Bei der Beerdigung würde sie einen Schleier tragen. Später würde sie nicht einem einzigen Reporter die Gelegenheit geben, sie zu fotografieren.

»Auf dich und deine Gesundheit!« Mit diesen Worten reichte sie dem Baron das kleine Glas. Er nahm es mit leicht zittriger Hand entgegen.

»Aber nachher musst du unbedingt meine Goldschmätzchen probieren.«

»Ja, gerne.«

Ihre zuvor bei ähnlichen Manövern tausendmal bewährte Geduld ließ sie dieses Mal im Stich. Nastrovje!, rief sie laut und leerte das Glas in einem Zug, rang sogleich nach Luft, griff sich an den Hals und sank mit weit aufgerissenen Augen röchelnd zusammen noch bevor der Baron Gelegenheit hatte, an seinem Glas zu nippen. Kaum war das seltsam dumpfe Geräusch ihres auf den Boden aufschlagenden Körpers verstummt, kam Konrad herein.

»Ihr größter Fehler war zu behaupten, sie hätte die Goldschmätzchen selbst gebacken.« Verachtung schwang in der Stimme des Barons. »Ich habe gleich gesehen, dass sie die Köstlichkeit bei der *Manufaktur Feyler* gekauft hat. Nur dort werden sie in dieser Vollendung hergestellt. Schade, dass wir nicht wissen, welches der Schmätzchen vergiftet ist. Ich hätte zu gerne von den anderen gekostet.«

»Meinen Sie, sie hat geahnt, dass die Trauung gespielt war?«

»Nein.« Baron von Weißenstein schüttelte nachdenklich seinen Kopf. »Mein Reichtum hat sie blind gemacht. Und außerdem ... «, der Baron lächelte. »Ihr Bruder, mein lieber Konrad, spielte den Standesbeamten mal wieder ganz hervorragend.«

»Soll ich es wie bei den anderen machen, Herr Baron?«

»Oh nein, ich fürchte im Garten gibt es keinen würdigen Platz mehr für sie. Immerhin war sie eine Gräfin, wenn auch keine echte. Bestatte Nummer dreizehn in unserem See. Sie liebte dessen kristallklares Wasser und seine Tiefe.«

Coburger Goldschmätzchen

Coburger Lebküchner haben sich schon Mitte des 17. Jahrhunderts zu einer eigenen Zunft zusammengeschlossen. Ende des 19. Jahrhunderts waren die Schmätzchen ein einfaches, braunes lebkuchenartiges Gebäck. Der Coburger Bäckermeister Wilhelm Feyler überarbeitete die Rezeptur und entwickelte seine im Jahre 1904 patentierte Spezialität „Feylers Coburger Goldschmätzchen". Im Original werden sie mit einem Honigvorteig zubereitet, der einige Monate im Keller einen Reifeprozess durchmacht. Nach dem Backen erhalten sie einen feinen Schokoladenüberzug und werden mit einem Tupfen echtem Blattgold gekrönt.

Zutaten

250 g Mehl
125 g Honig
125 g Zucker
1 Ei
1/2 Esslöffel Butter
100 g gehacktes Zitronat
125 g Walnüsse grob gehackt
1 Esslöffel Lebkuchengewürz
1 Teelöffel Hirschhornsalz

Einfachere Zubereitung

Honig schmelzen, alle andere Zutaten dazu kneten und über Nacht ruhen lassen.
Am nächsten Tag kleine ca. kirschgroße Kugeln mit nassen Fingern rollen und im gut vorgeheizten Ofen bei 180 Grad backen, bis die Schmätzle schön aufgegangen sind (ca. 10 Minuten)
Abkühlen lassen, direkt in eine Dose geben, wer mag mit Kuvertüre glasieren.

Anne Griesser

Nacktkochen mit Dieter

(Forchheim)

Er biegt in die Adenauerallee ein, wie es die laszive Frauenstimme seines Navis befiehlt. Ein lauer Wind weht zum geöffneten Autofenster herein und streicht durch sein lockiges Haar. Die Pollen kitzeln in seiner Nase. Es ist ein Frühsommertag wie aus dem Bilderbuch: Strahlender Sonnenschein, Vögel zwitschern, Bienen summen.

Sein Schädel brummt. Bienen und Pollen! Für einen Allergiker ist der Sommer kein Grund zum Jubeln. Außerdem sind es am Abend zuvor wohl ein paar Wodka zu viel gewesen. Anders hätte er den Auftrag gar nicht gemeistert.

Nun geht es den Berg hoch, Richtung Kellerwald. *Auf den Kellern*, sehr ulkig! Seine Erinnerungen an Forchheim sind verschwommen, besser gesagt – vernebelt, von einem längst verwehten Alkoholdunst. Letztes Jahr, Annafest. Eine rauschende Sause, ein Abend, an dem er gar nichts hat anbrennen lassen.

Er kichert. Er lässt nie etwas anbrennen, schließlich ist er ein Spitzenkoch. *Maître Didier* steht seitlich auf seinem Dienstwagen. *Der aromatische Verführer*.

Früher hat er ganz normal gekocht. In Weiß, mit Haube. Aber die Arbeitszeiten haben ihn genervt und verdient hat er auch viel zu wenig. Da hat er sich eines Tages auf seine wahren Qualitäten besonnen, auf seine athletische Figur, die blonden Locken und die unwiderstehliche Anziehungskraft. Oder sollte er sagen: *Ausziehungskraft*?

Er kichert lauter.

Die Haube trägt er noch immer, seine Kundinnen mögen das. Die Kochjacke dagegen ist längst Vergangenheit.

Nun, die Arbeitszeiten sind nach wie vor ärgerlich, aber der Verdienst ist wesentlich besser geworden. Zwei Termine pro Woche reichen locker für ein angenehmes Leben. Auch wenn er dafür manchmal Abende wie den gestrigen überstehen muss. Ein Junggesellinnenabschied. Zwölf gackernde, betrunkene Zwanzigjährige, allesamt über 90 Kilo schwer. Ein Jammer, dass sich die Mädchen so schlecht ernährten!

Seine heutige Kundin hat ein Lokal im Forchheimer Kellerwald. Nach einer langen Renovierungspause soll es am Wochenende neu eröffnet werden. Und den letzten freien Tag will sich die Dame noch so richtig versüßen lassen – deshalb hat sie ihn gebucht. Fränkische Feuerspatzen. Außerdem das volle Programm. Mit Anfassen.

Wenn nur die Kopfwehtablette endlich wirken würde!

Wahrscheinlich ist seine Kundin eine Matrone – übergewichtig und überaltert. Wie die meisten. Aber wenigstens zahlt sie gut. Drei, vier Stunden Arbeit, dann war's das für diese Woche. Dann kann er seinen Kater ausschlafen.

An der Eingangstür zum *Gigerla-Garten* lehnt eine rassige, junge Frau mit atemberaubender Figur und glühenden, schwarzen Augen. Einen Arm hat sie in die Hüfte gestemmt, ein Bein einladend angewinkelt. Sie trägt eine hauchdünne Bluse ohne etwas darunter. Verführerisch lächelt sie Dieter zu.

Er steigt abrupt auf die Bremse. *Sie haben Ihr Ziel erreicht*, haucht die erotische Damenstimme aus dem Navi.

Mona steht schon seit einer halben Ewigkeit vor der Tür. Ungeduldig. Voller Erwartung.

Lange hat sie den heutigen Tag herbeigesehnt, kann es kaum erwarten, dass der Nackt-Koch endlich auftaucht. Sie kennt sein Gesicht, seine Figur, sogar seine Stimme. Im Internet hat sie alles über ihn recherchiert.

Das letzte Jahr ist hart gewesen, in jeder Hinsicht: der Umbau, der psychische Stress, die endlosen Stunden beim Therapeuten und die Beziehung, die darüber in die Brüche gegangen ist. Jetzt will sie den Neuanfang wagen, ihr Leben wieder in den Griff bekommen. Es geht ihr so gut wie schon lange nicht mehr.

Der Nackt-Koch steigt aus dem Wagen und schwingt eine große Reisetasche. Wozu braucht er die? Er soll sich ausziehen, nicht verhüllen – und Kochutensilien besitzt sie selbst. Seine Einkaufsliste hat sie exakt abgearbeitet. Es fehlt nichts.

Er kommt näher, zwinkert und mustert sie ungeniert. Mona spürt, wie ihr Herzschlag sich beschleunigt. Unter seinen Augen zeichnen sich dunkle Ringe ab, aber sonst sieht er genauso aus wie auf den Fotos seiner Website.

»Hallo, schöne Frau«, sagt er ein wenig einfallslos und berührt zur Begrüßung ihre Wange. Es überläuft sie heiß und kalt und sie weiß, dass sie die richtige Wahl getroffen hat.

Er mag es nicht, wenn ihn jemand beim Ausziehen beobachtet. Obwohl er es gewohnt ist, angestarrt zu werden, findet er den Akt des Entkleidens irgendwie entwürdigend. Aber Mona hat das volle Programm gebucht, da darf sie schon ein paar Sonderwünsche äußern. Außerdem ist sie die attraktivste Kundin, die er je hatte.

Er merkt, wie sein Kopfweh schwindet. Die Aussicht auf das Finale des Auftrags, auf das *Vernaschen*, lässt seine Lebensgeister erwachen.

Sie führt ihn in eine große, moderne Restaurantküche mit viel Edelstahl.

Dieter fröstelt und bittet sie, das Fenster zu schließen. Eine private Küche mit Holztisch, bequemen Stühlen und heimeliger Atmosphäre wäre ihm lieber gewesen. Das hier ist ziemlich unpersönlich und erinnert ihn an seine Zeit als *Normalkoch*. Es stört ihn auch, dass sie sich auf die Anrichte schwingt, die Füße baumeln lässt und abwartend zu ihm hinüberblickt. Soll er jetzt etwa wirklich Eier aufschlagen und Butter schaumig rühren? Normalerweise ist das Kochen nur eine Show, ein Tanz, bei dem er ein wenig mit den Zutaten spielt, um sein Publikum in Fahrt zu bringen. Mona scheint jedoch zu erwarten, dass er ernsthaft an die Arbeit geht.

Dieter seufzt. Zum Glück ist der aufmunternde Blick aus ihren Augen ungeheuer motivierend. Er nimmt die Eier und eine Schüssel. Sie greift sich Petersilie, Chili-Schoten und ein Wiegemesser. Ihr leise gehauchtes *Ich kümmere mich ums Vorspiel*, klingt wie eine Einladung ins Paradies.

Dieter atmet tief durch und lässt sich auf ihr Spiel ein. Dieser Auftrag hat es in sich, das weiß er spätestens jetzt. Da bahnt sich etwas ganz Besonderes an. Etwas, wovon er noch jahrelang erzählen wird.

Er ist bereit.

Mona kann kaum die Augen von ihm lassen. Während sie ein Amuse Gueule zusammenstellt, einen Löffel mit scharfen Köstlichkeiten, die den Appetit auf das süße Ende steigern sollen, beobachtet sie aus den Augenwinkeln, wie *Maître Didier* Eier und Zucker vermengt, den Quark unterrührt. Einen Teil der süßen Masse stellt er zur Seite. Als er in die große Schüssel nach und nach das Mehl zugibt, legt sich eine hauchdünne, weiße Staubschicht auf seinen Oberkörper.

Sie sieht, wie ihn ihre Blicke verunsichern. Für den Bruchteil einer Sekunde bringt sie das aus dem Konzept. Es muss für ihn doch Alltag sein, von seinen Kundinnen angestarrt zu werden! Es ist sein Job, sein täglich Brot.

Dann besinnt sie sich, denkt an ihre dünne Bluse, an ihre Brüste, die sich darunter deutlich abzeichnen und ahnt, dass er so etwas nicht jeden Tag erlebt. Wer weiß schon, welche Art Frauen ihn sonst buchen.

Während er die in Rum eingelegten Rosinen testet, überprüft, ob sie weich genug sind, lässt Mona ihr scharfes Vorspiel stehen, dreht sich zu ihm um und beginnt, ihm sanft den Mehlstaub vom Oberkörper zu pusten. Zufrieden sieht sie, wie sich seine wohlgeformte Männlichkeit regt und bald an der Arbeitsplatte anstößt.

Ganz sanft küsst sie seine Brust.

Als er so weit ist, nimmt sie all ihren Mut zusammen und wagt es, einen Schritt weiterzugehen. Schließlich hat sie das volle Programm gebucht.

Mit Anfassen.

Er schnappt nach Luft. Ein unbändiger Schmerz durchzuckt seinen Penis. Die Erektion fällt wie ein verwelktes Blatt in sich zusammen. Gleichwohl steht sein Glied in Flammen.

»Fuck! Fuck! Fuck!«, schreit er und tänzelt von einem Bein aufs andere. Er braucht Wasser, kaltes Wasser, am besten eine ganze Badewanne voll.

Die dumme Kuh steht da und rührt sich nicht. Ihre glühenden Augen sind weit aufgerissen, sie starrt auf sein geschrumpftes Prachtstück, das sich bereits rot verfärbt.

Sie scheint es wirklich nicht zu kapieren. Versteht nicht, was sie getan hat. Rafft einfach nicht, dass sie ihm gerade mit ihren Chilifingern den Zauberstab verbrannt hat.

Fuck, nochmal!

Fasziniert beobachtet Mona, wie der Nackt-Koch sich windet. Wie er die Augen verdreht, flucht und sie eine *dumme Kuh* nennt. Wie er wimmert und schließlich um kaltes Wasser bittet.

Da endlich kommt Bewegung in ihren starren Körper.

Statt zum Wasser greift sie zu der Quarkmasse, die noch auf der Anrichte steht – sie ist zwar schon mit Eiern und Zucker verrührt, aber das schadet ja nichts, im Gegenteil.

Diesmal wäscht sie sich sorgfältig erst mit Essig, dann mit Seife die Hände, bevor sie ihn berührt. Vorsichtig verteilt sie den süßen Quark auf seinem besten Stück. Dieter atmet noch immer schwer, allmählich entspannt er sich. »Ja«, haucht er. »Oh ja, das tut gut.«

Mona runzelt die Stirn. Das klingt ja gerade, als ob sie es miteinander trieben! Doch daran ist nicht zu denken. *Maître Didier* wird sich noch ein wenig erholen müssen, bis er wieder so weit ist.

Jetzt tut es ihm leid, dass er sie *dumme Kuh* geheißen hat. Sie hat es ja nicht mit Absicht getan! Ein ganz blöder Unfall – ein gewisses Berufsrisiko bringt seine Arbeit eben mit sich. Manchmal ist er ganz gesprenkelt von den heißen Fettspritzern auf der nackten Haut.

Ihre Behandlung ist auf jeden Fall erste Sahne. Macht alles wieder wett. Ein bisschen geniert er sich, mit der Quarkpaste, aber sie lindert hervorragend. Diese kleine Hexe hat die Paste so sanft aufgetragen, Teufel noch mal, da regt sich doch schon wieder etwas! Sie soll bloß nicht aufhören mit dem, was sie tut ...

Was ... was ... macht sie denn jetzt?

Oh Mann ... sie verteilt noch mehr Zuckerquark auf seinem Körper – und noch etwas anderes, klebriges ... hm, es sind die in Rum eingelegten Rosinen ... meine Güte, jetzt leckt sie ihn ab ... das ist ja ... ahhh ...

Himmel und Hölle ... so etwas hat er noch nicht erlebt ... wo ist er eigentlich ...?

Ach, im Garten ... ja, tatsächlich ... er spürt die Sonne auf seiner Haut ... wie sind sie denn in den Garten gekommen ...? Ach ... egal ... alles egal ... sie soll nur auf keinen Fall aufhören ...

Der süße Duft der Rosinen dringt in seine Nase, der Rum, er spürt, wie die Quarkkruste reißt, als sein Glied weiter anschwillt ...

Oh, ja ... mein Gott ...

Mona hört auf zu lecken. Jetzt ist der Moment gekommen. Der Augenblick der Wahrheit. Es ist höchste Zeit, ihm zu sagen, wer sie ist.

»Letztes Jahr, Annafest«, flötet sie. »Weißt du noch?«

Auf dem Nachhauseweg hat er ihr aufgelauert. *Komm, mein Bienchen,* hat er gelallt. *Ich bin in Stechlaune.* Dann hat er sie genommen, brutal und rücksichtslos. Sie hat geschrien und sich nach Leibeskräften gewehrt, doch genutzt hat es nichts.

Danach ist ihre Welt zerbrochen. Die Polizei half ihr nicht, nicht der Therapeut und ihr Ex-Freund erst recht nicht. Eine Freundin riet ihr kürzlich, es mal mit einem Nackt-Putzer zu versuchen – mit irgendeiner unpersönlichen Geschichte, die ihr helfen würde, wieder ins Lot zu kommen. Sie hat lustlos ein wenig herumgegoogelt – und *Maître Didier* sofort erkannt. Das Gesicht eines Vergewaltigers vergisst man nicht.

Mona betrachtet den Nackt-Koch, der mit einer Rum-Rosinen-Quark-Kruste auf dem Rasen hinterm Haus liegt. Das Wort *Annafest* lässt ihn die Augen öffnen. Fragend schaut er sie an.

»Ich bin heute in Stechlaune«, haucht sie, zwinkert ihm zu – und stochert mit einem langen Ast in ihren vier Bienenstöcken herum.

Sein Schädel brummt wieder.

Oder – ist es gar nicht sein Schädel?

Der erste Stich trifft seinen Bauch, der zweite weiter unten. Sein Cortisonspray! Wo ist es? Beim dritten Stich schwillt schon der Hals an.

Verwirrt betrachtet er Mona, die keine Anstalten macht, ihm zu helfen.

Noch versteht er nicht so recht. Versteht nicht, dass es etwas gibt, das süßer ist als Feuerspatzen – noch süßer sogar als die Liebe.

*

Feuerspatzen

Zutaten

500 g Quark
500 g Mehl
5 Eier
175 g Zucker
1Prise Salz
2 Päckchen Vanillezucker
1 Päckchen Backpulver
100 g Sultaninen, in Rum getränkt (1 Std.)
etwas Puderzucker zum Bestreuen
Fett zum Ausbacken

Zubereitung

Eier und Zucker schaumig rühren,
Quark dazugeben und unterrühren.
Vanillezucker, Backpulver und Mehl nach und nach unterheben.
Zum Schluss die beschwipsten Sultaninen unterheben.
Das Fett auf ca. 175° C erhitzen und mit einem Esslöffel eiskugelgroße Stücke aus dem Teig stechen und in das Fett geben (nicht zu viele auf einmal!).
Feuerspatzen schön braun ausbacken und auf Krepppapier abtropfen und auskühlen lassen.
Mit Puderzucker bestreuen und servieren

Michael Kress

Kontrahenten in Bayreuth

(Bayreuth)

Die beiden Redakteure des Bayreuther Tagesboten wussten, dass dieses gemeinsame Abendessen in dem 4-Sterne-Restaurant vergebliche Liebesmüh war. Ein letzter Versuch, sich gütlich zu einigen. Aber keiner würde dem anderen den Vortritt lassen. Jeder wollte das Interview mit dem weltbekannten Stardirigenten Wolf von Hagen führen. Der verweigerte sich seit Jahren der Presse, scheute sie wie ein Kind den Zahnarzt. Doch machte von Hagen jetzt eine Ausnahme, weil ihn mit dem Noch-Chefredakteur Friedrich Mühelos eine Freundschaft verband. Sie hatten zusammen die Schulbank gedrückt.

Ansgar Spiegel, der Leiter der Kulturredaktion, schnitt gerade das Fleisch seines Tafelspitzes in kleine, mundgerechte Stücke.

»Das Interview ist ein Donnerschlag für die Musikwelt. Ein berühmter Dirigent gehört einfach in den Kulturteil.«

Schmatzend schüttelte Ruben Rothmann den Kopf und erwiderte, als er endlich den Mund leer hatte: »Herr von Hagen ist ein Sohn unserer Stadt. Deshalb gehört er in den Lokalteil.«

Eine Zeitlang aßen die beiden schweigend weiter. Jeder zermarterte sich das Gehirn auf der Suche nach Argumenten. Es ging ja nicht nur um dieses Interview. Bald würde Mühelos von seinem Posten zurücktreten, es würde die Stelle des Chefredakteurs frei werden. Ganz abgesehen davon waren die Zeitungsmänner glühende Verehrer des Dirigenten und berühmten Bayreuthers.

Rothmann, der die letzte Kartoffel durch die sämige Soße zog, beugte sich vor.

»Glauben Sie mir, von Hagen würde viel lieber mit mir reden. Ich bin ja nun auch nicht gerade der Schlankeste und von Hagen mag es nicht, wenn auf seine Leibesfülle hingewiesen wird. Genau das wird passieren, verzeihen Sie, werter Kollege, wenn ein Strich wie Sie ihm gegenübersteht. Uns schmeckt es eben.« Rothmann wischte sich mit einer Serviette über den Mund und kam noch näher. »Sie stochern nur in Ihrem Essen herum. Schmeckt es Ihnen nicht? Mein Tafelspitz war vorzüglich. Butterzart das Fleisch, die Soße genau mit der richtigen Würze. So gut bekommen das die wenigsten zu Hause hin.«

»Das Wohl des Dirigenten liegt mir ebenso am Herzen. Und darum denke ich auch, dass ich genau der Richtige für das Interview bin«, konterte Ansgar Spiegel. »Bitte, verzeihen Sie mir meine Offenheit, Sie sind zwar dick, aber nicht gerade ein Weinkenner. Für Sie macht es keinen Unterschied, ob da ein Chateau Lafite Rothschild oder ein Wein aus dem Tetrapack im Glas funkelt. Herr von Hagen gilt als versierter Weinkenner und sammelt drüben in Kalifornien die edelsten Weine.«

»Wollen Sie mit ihm etwa zur Weinprobe gehen?«

»Warum nicht? Das zeugt doch nur davon, dass ich seine Leidenschaft teile, dass ich ihn ernst nehme.«

Beide tauschten noch ein paar weitere Argumente aus, höflich, aber bestimmt. Am Ende kamen sie überein, dass Chefredakteur Friedrich Mühelos eben nächsten Montag entscheiden sollte, wer von ihnen das Interview führen durfte. Dann hing jeder seinen Gedanken nach, sahen der Entscheidung ihres Chefs gelassen entgegen. Beide hatten beschlossen, selbst schon zuvor für eine Entscheidung, natürlich zu ihren Gunsten, zu sorgen. Anlässlich des Jubiläums »125 Jahre *Bayreuther Tagesboten*« gab es am Samstag einen festlichen Empfang. Dies war der geeignete Moment dazu. War es Zufall, dass beide Kontrahenten den gleichen Einfall hatten? Schon des Öfteren war in den Redaktionskonferenzen über K.-o.-Tropfen gesprochen worden. Diese wurden zumeist eingesetzt, um junge Frauen willenlos zu machen. Oder um jemanden ausrauben zu können. In Bayreuth sollte erst letzte Woche eine versuchte Vergewaltigung auf diese Weise stattgefunden haben. Das vermeintliche Opfer war jedoch erst einen Tag später zur Polizei gegangen und da ließen sich K.-o.-Tropfen nicht mehr nachweisen. Nach der Einnahme zeigten sich innerhalb kürzester Zeit Folgen. Den Opfern wurde schlecht, was sie auf den zuvor reichlich genossenen Alkohol zurückführten. Die Übelkeit steigerte sich, bis dann irgendwann der endgültige Zusammenbruch kam. Alles hing von der Dosierung ab.

Unabhängig voneinander lasen sich die beiden Redakteure gründlich in die Materie ein. Beide zählten auf die Spätfolgen, wonach das Opfer noch etliche Tage hinterher über Mattigkeit klagte, kraftlos und irgendwie verkatert war. Auf jeden Fall in einem Zustand, in dem es nicht vernünftig arbeiten, geschweige denn ein wichtiges Interview führen konnte. Dazu kam als weiterer erfreulicher Nebeneffekt, dass die Tropfen für Erinnerungslücken sorgten. Die reichten bis in die Zeit vor der unerwünschten Einnahme. Betroffene konnten sich also weder daran erinnern, mit wem sie die Stunden unmittelbar zuvor verbracht, noch was sie getrunken oder gegessen hatten.

Rothmann und Spiegel trugen jeder ein kleines Fläschchen bei sich, als sie am Jubiläumsempfang ihrer Zeitung erschienen. Beide warteten geduldig, bis das Buffet eröffnet wurde. Rothmann ließ sich nur ein Glas Rotwein geben, das er gedachte, seinem Kollegen der Kultur anzubieten.

Es handelte sich zwar um keinen Chateau Lafite, aber auch um keinen billigen Fusel. Spiegel wiederum lud sich zwei Kaviarschnitten auf einen Teller und wollte diese erlesenen Speisen seinem Kollegen aus der Abteilung Lokales überreichen. Beide verschwanden zuvor unbeobachtet aus dem Saal und zogen sich in angrenzende Räume zurück, in denen sie ungestört zur Tat schritten.

Währenddessen erschien Chefredakteur Friedrich Mühelos und sorgte für viele »Ah's« und »Oh's«, denn als Gast folgte ihm der Stardirigent Wolf von Hagen. Friedrich Mühelos brauchte ihn nicht vorzustellen. Jeder kannte den Mann von zahlreichen Titelbildern oder von Covern der Klassik-CDs. Die Freundschaft zwischen dem Chefredakteur und dem Star war wohl doch tiefer, als viele dachten. Wolf von Hagen lächelte gönnerhaft in die Runde und schüttelte die Hände des Bürgermeisters und anderer Würdenträger, die ihn umringten. Da entdeckte er das riesige Büfett, mit dem ihn Friedrich Mühelos letztendlich zum Kommen überredet hatte. Die kleinen Augen des Dirigenten blinzelten vergnügt und schon lief er los. Ehrfürchtige Stille begleitete seine tänzelnden Schritte vorbei an den Stehtischen. Ein Hauch von Mailänder Scala, Wiener Staatsoper und der Met umwehte ihn. Hier und da klatschte jemand, den meisten blieb jedoch nur ein zustimmendes Nicken oder ein mit vollem Mund versuchtes Bravo, weil sie in den Händen Teller und Gläser hielten. Einer der Gäste stampfte stattdessen mit den Füßen auf, was natürlich sofort ein paar Nachahmer fand. Wolf von Hagen störte das nicht. Im Gegenteil, es schmeichelte ihm. Seine Nasenflügel bebten wie bei einem Fuchs, der eine Witterung aufnahm.

Fast gleichzeitig betraten Rothmann und Spiegel, wenn auch durch entgegengesetzte Türen, den Saal. Lokal, also Rothmann, hielt das Glas mit dem vorbereiteten Rotwein in den Händen, Kultur, also Spiegel, balancierte sein Tablett mit den präparierten Kaviarbrötchen. Beide waren etwa gleich weit vom Stardirigenten entfernt, der abwechselnd nach links und rechts lächelnd Richtung Buffet eilte. Die Gespräche ringsum wurden wieder aufgenommen. Chefredakteur Friedrich Mühelos folgte mit ein paar Metern Abstand seinem Freund. Schulterklopfer hatten ihn aufgehalten.

Rothmann und Spiegel waren auf von Hagen fixiert, beide trachteten danach, als Erster dem Stardirigenten gegenüberzustehen. So eilten sie der Katastrophe entgegen, die sich bald ereignen würde. Der Dirigent fixierte bereits das Buffet, als ihm Rothmann und Spiegel den Weg versperrten. Er sah sie an. Nicht gerade freundlich. Doch sogleich hellten sich seine Gesichtszüge auf, als er des Weines und der Häppchen ansichtig wurde, die ihm die Fremden entgegenstreckten.

»Zu gütig«, flötete er und griff danach. Vor den Augen von Rothmann und Spiegel verschlang er die Schnittchen und leerte das Glas in einem Zug. Die beiden Redakteure standen da, totenbleich und mit aufgerissenen Augen. Öffneten die Münder und brachten dann doch keinen Ton hervor. Der Dirigent reichte Teller und Glas zurück und wandte sich dem Buffet zu. Schnell war ein Teller gefunden. Schnell türmten sich darauf Käse, Lachsbrötchen und fränkisches Bierfleisch. Das genoss er immer besonders gern, wenn er in seiner alten Heimat Franken, in Bayreuth weilte. Mit einem Male aber erstarb von Hagens Lächeln. Mitten in der Bewegung hielt er inne. Warum war ihm plötzlich so schlecht? Schweiß trat ihm auf die Stirn. Er schluckte. Ein Mal. Ein zweites Mal. Schüttelte dann energisch den Kopf und türmte weitere Speisen auf seinen Teller. Wahrscheinlich musste er nur etwas essen, dann würde es schon wieder gehen. Doch dann begannen seine Hände zu zittern. Sein Magen zog sich zusammen. Von Hagen fühlte sich wie auf den Planken eines Ozeanriesen bei schwerer See. Er suchte nach etwas, woran er sich festhalten könnte. Die beiden Redakteure waren zu weit weg. Er stellte seine Beine weiter auseinander und gewann so für einen Moment wirklich besseren Halt. Dann schien ihm das Buffet entgegenzukommen. Herr im Himmel! Tränen verschleierten seine Augen, die ein letztes Mal flackernd über die Speisen sahen. Er sollte davon nichts mehr verköstigen. Wie ein gefällter Baum fiel er mitten hinein in das Buffet. Käsestückchen, garniert mit Fähnchen, flogen durch die Luft, Oliven hinterher. Der Tisch gab nach und von Hagen wurde unter Tellern, Käsescheiben, Gürkchen und Trauben begraben. Rothmann und Spiegel standen wie zu Salzsäulen erstarrt daneben. Angeführt von Friedrich Mühelos gingen ein paar Männer daran, den Stardirigenten auszugraben. Doch der war bereits für immer der Musikwelt verlustig gegangen.

»Heimgekehrt um zu sterben«, titelte am nächsten Tag der *Bayreuther Tagesbote* in seiner Sonntagsausgabe.

Wenn zwei sich streiten, so leidet zuweilen ein Dritter.

Den Posten des Chefredakteurs bekam übrigens keiner der beiden. Zu sehr hatte ihnen der tragische Tod des Meisterdirigenten, man sprach von einem Herzinfarkt, zugesetzt. Ansgar Spiegel wechselte zu einem Anzeigenblatt eines Einkaufszentrums und Ruben Rothmann zum Mitteilungsblatt einer Kleinstgemeinde irgendwo im Mittelfränkischen. Dort waren sie wahrscheinlich konkurrenzlos.

*

Fränkischer Tafelspitz, Brezenkloß und Meerrettichcreme

Zutaten

1 gelbe Rübe, Lauch und Sellerie, Blumenkohl, 5 Petersilienwurzeln
50 g Korianderwurzeln
20 g Ingwer
etwas Limetten- und Orangenschale
1 Knoblauchzehe
1 kg Rindfleisch, Tafelspitz
5 Wacholderbeeren
2 Lorbeerblätter, etwas Zimt, Salz, Pfeffer
3 Körner Piment
3 Laugenbrezeln
Milch, 2 Eier
1 Esslöffel Estragon
3 große mehlig kochende Kartoffeln
2 Tassen Milch
2 Esslöffel Sahnemeerrettich, Sahne

Zubereitung

Die Gelbe Rübe, den Sellerie, den Lauch, den Blumenkohl, die Petersilienwurzel, die Korianderwurzel, den Ingwer, den Knoblauch, die Limettenschale und die Orangenschale fein würfeln. Mit 2 l Wasser ansetzen und 2 Stunden zu einer feinen Brühe simmern lassen.

Das Fleisch in die Brühe geben und 1,5 Stunden simmern lassen – gut abschäumen! Dann die Wacholderbeeren, Lorbeerblätter, Piment, Zimtblüten, Salz und Pfeffer zugeben und noch einmal 45 bis 60 Minuten leise köcheln lassen.

Das grobe Salz von den Brezen abstreifen, diese in feine Würfel schneiden. Die Milch lauwarm erhitzen und über die Brezen geben. Die Eier, den fein geschnittenen

Estragon und Salz und Pfeffer zugeben – gut mischen. Die Kloßmasse auf Folie geben und zu einer Wurst formen, diese in Alufolie wickeln und gut zudrehen. Den Kloß in siedendem Wasser für gut 30 Minuten ziehen lassen, ab und zu drehen.

Die Kartoffel schälen und fein würfeln, in etwas gesalzener Milch weich kochen, zerdrücken. Den Sahnemeerrettich unterheben und mit soviel Sahne mischen, bis die gewünschte Konsistenz erreicht ist – würzen.

Wer Soße dazu will, kann stark reduzierte Tafelspitzbrühe, einem Schuss Balsamico und einem Schuss Sahne, Salz und Pfeffer eine sehr schnelle und passende zubereiten.

Anrichten

Auf vorgewärmte Teller etwas Creme träufeln, den Tafelspitz aufschneiden und eine Scheibe auf die Creme legen, jeweils eine dicke Scheibe Brezenkloß zugeben und mit etwas Soße anrichten.

Rike Stienen

Mörderischer Gartenzauber

(Kulmbach)

Im idyllischen Ort Kulmbach besaß die Familie von Julianes Mann seit drei Generationen ein nostalgisches Fachwerkhaus mit einem wunderschönen, romantischen Garten. Das Anwesen befand sich unweit der Plassenburg, eine der imposantesten Burganlagen Deutschlands. Für die Hanseatin Juliane war es Liebe auf den ersten Blick gewesen, als Martin ihr das Haus zum ersten Mal voller Stolz gezeigt hatte. Nur zwei Monate nach ihrer Hochzeit kam er bei einem tragischen Autounfall ums Leben und hinterließ seiner Frau die Immobilie, die sein Vater ihm einst vermacht hatte. Was Juliane bis zur Testamentseröffnung nicht wusste, war die Tatsache, dass das Haus mit dem lebenslänglichen Wohnrecht ihrer Schwiegermutter Hilde belastet war.

Juliane nahm das Erbe an, zog schweren Herzens aus ihrer Wohnung in Hamburg aus, in der sie mit Martin sehr glücklich gewesen war, und gab ihren Job als Bauzeichnerin auf. Sie hoffte, Hilde würde über kurz oder lang in ein Seniorenwohnheim umsiedeln. Mit ihrer fortschreitenden Gicht in den Händen und ständigen Herzrhythmusstörungen kam diese ohne Aufzug schon lange nicht mehr in die oberen Etagen. Aber Juliane hatte die Rechnung ohne Hilde gemacht, die bei dem Einzug klarstellte: »Du musst meinen Sohn verhext haben, damit er dir unser Haus überließ!« Sie wies ihrer Schwiegertochter das obere Stockwerk zu, wo seit langer Zeit der Staub sein Dasein fristete und sich alte, verschlissene Möbel gegenseitig Geschichten aus besseren Zeiten erzählten. Juliane benötigte drei Wochen, um die Räume zu entrümpeln und bewohnbar herzurichten. Das reiche, edle Schnitzwerk an den Wänden und Decken und ein hölzernes Himmelbett entschädigten sie für ihre mühevolle Arbeit.

Als sie sich nach der Schufterei eine Auszeit im Rosengarten auf dem Liegestuhl gönnen wollte, verdunkelte plötzlich ein Schatten den Sonnenstrahl, der Juliane zuvor erwärmte. Kalter Stahl an ihrer Kehle ließ ihren Herzschlag kurzfristig aussetzen. Mit vor Entsetzen geweiteten Pupillen starrte sie in Hildes verzerrtes Gesicht. Juliane kreischte: »Nimm sofort die Schere weg! Du tust mir weh!«

Hilde ignorierte das Schreien ihrer Schwiegertochter, die vergeblich versuchte, das Mordinstrument zu packen.

»Wie kannst du es wagen, den Rasen zu zerdrücken? Das ist mein Garten. Deiner liegt hinter dem Haus«, verkündete Hilde böse. Endlich steckte sie die Schere in ihren Kittel und zerrte Juliane vom Liegestuhl.

Besagter Gartenanteil lag im Norden des Hauses, wo das Wachstum von Farnen und Funkien verriet, dass der Schatten dort das Regiment führte.

Juliane protestierte: »Aber ich könnte mich überall im Garten nützlich machen.«

»Was könntest du schon tun?« Hildes Tonfall verriet, dass sie Juliane nichts zutraute. Der prachtvolle Rosengarten mit Katzenminze und duftendem Lavendel war über die Grenzen Kulmbachs hinaus bekannt. In einem Gewächshaus züchtete die Schwiegermutter außerdem neue Rosensorten. Eine davon hatte vor einigen Jahren einen internationalen Preis gewonnen. Niemals hätte Hilde Fremde an ihren Blumen Hand anlegen lassen. Sie waren ihr ganzer Stolz und sie sprach fast täglich mit ihnen, was deren Gedeihen und Robustheit angeblich positiv beeinflussen würde.

Juliane konnte darüber nur den Kopf schütteln, aber sie hatte sich vorgenommen, mit der Schwiegermutter in erträglicher Weise auszukommen. Alle freundlichen Versuche, sich bei Hilde beliebt zu machen, schlugen allerdings fehl. Weder die gebackenen Schokoladentorten noch ein Buch über legendäre, englische Rosenparadiese konnten das Herz des Drachens erweichen.

Julianes Bemühungen, in Kulmbach wieder als Bauzeichnerin arbeiten zu können, schlugen fehl. So blieb ihr das Aschenputteldasein. Sie kaufte ein, putzte das ganze Haus und bediente Hilde fast rund um die Uhr. In Juliane brodelte unterdrückte Wut. Im Ort kannte sie niemanden, bei dem sie sich hätte ausweinen können. Sämtliche Überlegungen, der Situation zu entkommen, endeten in einer Sackgasse. Hilde würde nie freiwillig ausziehen und Juliane ergriff nicht selbst die Flucht, weil sie sich eine eigene, kleine Wohnung nicht leisten konnte. Ihre bescheidenen Ersparnisse wurden für das Dach aufgebraucht, das nach einem gewaltigen Sturm neue Ziegel benötigte. Hilde hatte es strikt abgelehnt, sich an den Kosten zu beteiligen. »Du bist die Eigentümerin. Die Instandhaltung ist daher deine Angelegenheit.«

Juliane war gefangen und sah keinen Ausweg aus der verfahrenen Lage. Martin hatte ihr mit der Erbschaft ein lebendiges Grab geschaufelt.

Seit der Attacke mit der Gartenschere wuchs bei Juliane außerdem die berechtigte Angst, Hilde könnte sie heimtückisch töten. Deshalb brachte sie zusätzlich einen Riegel an der Innenseite ihrer Schlafzimmertür an, denn der Alten war alles zuzutrauen.

Eines Tages erschien Hilde gut gelaunt mit einem Korb voll Kräuter aus dem Garten in der Küche. Überfreundlich sagte sie: »Die sind für deinen Salat. Du kannst ein paar Vitamine gebrauchen, so blass, wie du aussiehst.«

»Danke, nett von dir.« Juliane glaubte an eine positive Wende. »Ich decke gleich den Tisch für uns beide.«

»Für mich nicht. Ich gehe zum Treffen der Rosenfreunde im Hollerbräu und werde dort essen. Du kannst dir zum Salat eine Kulmbacher Schnecke, die von gestern übrig geblieben ist, nehmen und aufwärmen.« Schon verschwand Hilde aus der Küche. Juliane hätte am liebsten gejubelt. Einige Stunden ohne Schwiegermutter! Ein lecker zubereiteter Salat mit allem, was das Herz begehrt: Zwiebeln, Thunfisch, Tomaten und frische Kräuter. Dazu die Kulmbacher Schnecke und ein gekühltes Kulmbacher Bier. Eine traumhafte Vorstellung!

Juliane konnte gerade Petersilie von Schnittlauch unterscheiden und das dritte Gewächs im Korb nicht einordnen. Sie vermutete, dass es Dill wäre. Als sie gerade die Petersilie hackte, klingelte es an der Haustür. Auf die Schnelle fand Juliane kein Handtuch, um sich die schmutzigen Hände zu reinigen. Deshalb bat sie den Postboten, das große Paket mit der Aufschrift *Gartencenter* in der Küche auf einen Stuhl zu stellen.

Dabei fiel der Blick des Mannes auf das Brettchen mit den Kräutern und er deutete auf das für Juliane unbekannte Kraut. »Wollen Sie etwa den Sumpfschachtelhalm da zum Essen verwenden?«

»Wieso? Ist das kein Dill?«, fragte Juliane, der ihre Unwissenheit unangenehm war.

»Das Zeug ist hochgiftig und die spitzen Nadeln zerreißen beim Verzehr den Darm. Man verblutet innerlich. Da kann kein Notarzt mehr helfen.«

Ungläubig starrte Juliane zuerst das Giftkraut und dann den Postboten an. »Sind Sie da ganz sicher?«

»Klar, ich habe das Unkraut selbst im Garten. Es lässt sich kaum ausrotten. Am besten entsorgen Sie es sofort im Mülleimer. Vielleicht machen Sie mal ein Kräuterseminar beim Gartenbauverein, damit Ihnen so etwas nie wieder passiert.«

»Dann haben Sie mir gerade das Leben gerettet«, hauchte Juliane mit zugeschnürtem Hals.

Der Postbote verabschiedete sich und ließ eine von Panik ergriffene Juliane zurück. Die schlimmsten Gedanken nahmen von ihr Besitz. Sollte dies etwa eine konkrete Mordattacke ihrer Schwiegermutter gewesen sein oder hatte diese möglicherweise nur selbst das falsche Kraut erwischt? Sie grübelte und trank das ganze Glas Bier zur Beruhigung. Zur Polizei konnte sie mit ihrem bloßen Verdacht nicht gehen. Außerdem war die Schwiegermutter eine anerkannte Rosenzüchterin und ein Aushängeschild für Kulmbach. Sie dagegen gehörte zu den Zugereisten, wie der Franke alle Preußen nannte, die es wagten, sich diesseits der Weißwurstgrenze niederzulassen. Juliane könnte sich mit einer solchen Anschuldigung folglich nur lächerlich machen. Hilde würde sowieso alles abstreiten und höchstens zugeben, dass sie bedauerlicherweise ohne Brille statt Dill den Schachtelhalm erwischt hätte. Es blieb Juliane nichts anderes übrig, als zukünftig noch mehr auf der Hut zu sein.

Als Hilde am späten Abend nach Hause kam, ließ diese sich nichts anmerken. Sollte sie mit Julianes Ableben gerechnet haben, verzog sie keine verräterische Miene, und Juliane verzichtete darauf, sie auf das falsche Kraut anzusprechen.

Es vergingen drei ereignislose, verregnete Wochen, in denen Juliane ihre Schwiegermutter kaum aus den Augen ließ und nur das aß, was diese ebenfalls konsumierte. Sie redete sich selbst ein, dass die Schachtelhalmattacke wirklich ein Versehen gewesen war.

Endlich schien die Sonne wieder. Die verwelkten und durch die starken Regenfälle verfaulten Rosenblüten mussten dringend abgeschnitten werden. Hilde schlug die Hände über dem Kopf zusammen, als sie das Ausmaß der Katastrophe realisierte: »Das schaffe ich nicht mit der Gicht in meinen Händen.« Sie weinte vor Verzweiflung, wie sie es nicht einmal bei der Beerdigung ihres Sohnes getan hatte.

Juliane wurde gegen ihren Willen von Mitleid ergriffen. »Dann lass doch den jungen Studenten kommen, der ab und zu den Rasen mäht. Sicher kann er auch Rosen schneiden.«

Unbeeindruckt von dem gut gemeinten Ratschlag plusterte sich Hilde auf: »Was glaubst du, was das kostet? Zahlst du das? Im Übrigen wird der Garten morgen begutachtet. Er muss tadellos aussehen.«

Juliane schüttelte den Kopf: »Der Garten ist deine Sache.« Sie versetzte sich mit dieser Antwort selbst in Erstaunen.

»Es gibt eine einzige Lösung! Du schneidest die Blüten ab!«, ließ die Schwiegermutter im Befehlston verlauten.

Da sie keinen Widerspruch duldete, begab sich Juliane mit der Gartenschere bewaffnet ins Rosenparadies und begann unter Hildes fachmännischer Anleitung mit dem Auftrag.

Plötzlich schrillte das Telefon im Haus. Einen Moment lang zögerte Hilde, den Anruf entgegenzunehmen, aber die Neugier siegte. Für den nächsten Tag hatte sich eine Delegation vom Rosenzüchterverein angekündigt, um Hildes neueste Kreationen zu bewundern und für einen Wettbewerb zu begutachten. Bestimmt war es jemand, der mit ihr den bevorstehenden Besuch besprechen wollte.

»Du weißt ja jetzt, wie es geht. Ich bin kurz im Haus.«

Schon lief Hilde aufgeregt davon.

Juliane setzte ihre Arbeit fort und fand plötzlich Gefallen an der Tätigkeit. Die Gartenschere schnitt wie von Geisterhand geführt nicht nur die verfaulten Blüten ab, sondern auch ganze Zweige. Die Rosenstöcke verkleinerten sich immer mehr und erreichten Bodennähe.

Von Hilde keine Spur. Sie hatte offensichtlich übers Telefonieren die Zeit vergessen.

Juliane empfand große Genugtuung am Sezieren der Sträucher und Stöcke. Der ganze Frust, die Angst vor Hilde und der Ärger, den sie seit vielen Monaten klaglos ertragen hatte, entluden sich. Sie betrachtete ihr Werk zufrieden: »Tut mir leid, liebe Rosen, dass ihr erst im nächsten Jahr wieder blühen dürft.«

In diesem Augenblick erschien die Schwiegermutter auf der Treppe. Trotz der Entfernung sah sie die Bescherung sofort und stieß einen gellenden Schrei aus. Sie packte den Gehstock, den sie vor dem Telefonat an die Hauswand gelehnt hatte, und steuerte damit wild fuchtelnd auf Juliane zu. Ihre Mimik wandelte sich zu einer furchterregenden Fratze, bei der Hilde die Zähne wie ein Kampfhund fletschte.

»Was hast du getan, elender Nichtsnutz? Mein ganzes Lebenswerk ist völlig ruiniert. Das wirst du mir büßen!«

Juliane ließ vor Schreck die Gartenschere mitten in die Sträucher fallen und überlegte fieberhaft, mit welcher Waffe sie sich jetzt gegen Hildes Attacke verteidigen könnte.

Doch beim näheren Anblick des Rosengartens, der sich während des Telefonates in die Hölle verwandelt hatte, fiel Hilde plötzlich auf der Stelle tot um, bevor sie Juliane erreichte.

*

Kulmbacher Schnecken

Zutaten

500 g gemischtes Hackfleisch
1/2 Bund Petersilie
2 Päckchen Blätterteig aus dem Kühlregal
2 Eier
Salz, Pfeffer, Maggi nach Geschmack, Paniermehl

Zubereitung

Das Hackfleisch mit dem Ei und dem Paniermehl vermengen und mit Salz, Pfeffer und Maggi abschmecken.
Die Hälfte der Petersilie klein hacken und unterkneten.
Die erste Rolle Blätterteig aufrollen und mit ein wenig verquirltem Ei bestreichen. Die zweite Rolle darüber legen. Das Hackfleisch darauf verteilen und mit einem Löffel gleichmäßig auf der Fläche verteilen.
Sollte das Hackfleisch zu sehr am Löffel kleben bleiben, diesen leicht anfeuchten. Dann die Teigplatte aufrollen.
Die Rolle in etwa 2 bis 3 cm dicke Stücke schneiden und diese auf ein Backblech mit Backpapier geben. Die Schnecken mit dem verquirlten Ei bestreichen.
Anschließend im auf 160 °C vorgeheizten Backofen etwa 20 bis 30 Minuten backen.
Als Beilage einen Salat und ein kühles Kulmbacher Bier reichen.

Josef Rauch

Die Rückkehr der Hexen

(Bamberg)

1

In Bamberg ein *Bamberger* essen – auch wenn es albern war, diesen Spaß wollte ich mir vor meiner Rückfahrt nach Fürth noch gönnen.

Es war sieben Uhr morgens an einem kalten Samstag Anfang Dezember. Ich wankte nach einer unlustigen Nacht durch die Innenstadt auf der Suche nach einer bereits geöffneten Bäckerei, die mir diesen Herzenswunsch erfüllen könnte.

Ich hatte überhaupt nicht damit gerechnet, dass mich mein aktueller Fall diesmal bis nach Oberfranken führen würde. Ein Funktionär der katholischen Amtskirche war in mein Privatdetektivbüro in der Fürther Blumenstraße gekommen und hatte mich beauftragt, Ermittlungen über einen ihrer Priester anzustellen. Es gäbe Gerüchte und anonyme Hinweise auf *unordentliche Umtriebe* und *seltsame Aktivitäten* des Mannes. Nach den zahlreichen Missbrauchsskandalen in den letzten Jahren war man wohl diesbezüglich sensibilisiert und reagierte – anders als früher – auf solche Gerüchte und Hinweise. Ich hatte den Geistlichen ein paar Tage in Fürth observiert und nichts Sündhaftes konstatieren können. Doch am Vorabend war der Priester nach Bamberg gefahren, wo er seine *unordentlichen Umtriebe* offenbar auslebte. Er besaß am Stadtrand von Bamberg ein abgelegenes kleines Haus. Dort besuchte ihn schon kurz nach seiner Ankunft eine junge Frau. Und das tat sie ganz offensichtlich nicht nur, um sich die Beichte abnehmen zu lassen. Bei einem Lauschangriff am Fenster hatte ich die Frau stöhnen und schreien hören. Ganz offenkundig also ein weiterer Pfaffe, bei dem das mit dem Zölibat nicht funktionierte.

Mit dem Gesehenen und Gehörten wusste ich Bescheid, und mein Auftrag war erledigt. Aufgrund völliger Übermüdung hatte ich beschlossen, ein paar Stunden im Auto zu pennen und erst anschließend nach Fürth zurückzukehren. Nach diesem Kurzschlaf war ich dann in die Bamberger Innenstadt gefahren, um mir noch mein kulinarisches Souvenir zu holen.

Das Geschäft, auf das ich mich jetzt zielsicher zubewegte, war ziemlich auffällig. Es handelte sich um ein kleines, dreiteiliges Häuschen, wobei nur der mittlere Teil einen ersten Stock und ein Spitzdach hatte und wie ein Mini-Türmchen wirkte, während die anderen beiden Teile nur aus einem Erdgeschoss mit einem Satteldach bestanden. Der ganze Bau sah aus wie eine vom Dorf in die Stadt versetzte bessere Feldkapelle – oder wie ein aus dem Wald in die Stadt verfrachtetes Hexenhäuschen. Genau als solches war es mit allerlei Dekoration aufgemacht, sodass es wie frisch aus *Hänsel und Gretel* entsprungen schien.

Im Inneren befand sich allerdings eine ganz normale moderne Bäckerei. Sie hatte geöffnet und ich trat ein. Hinter der Theke hielt eine mit einer bunten Schürze bekleidete Verkäuferin die Stellung. Sie hatte die Midlife-Crisis schon ein paar Jahre hinter sich und die Rente noch ein paar Jahre vor sich. Nach ihrer Figur zu schließen, mussten die Backwaren hervorragend munden. Ich war der einzige Kunde, deshalb wurde ich sofort bedient.

»Sie wünschen?«

»Ein Bamberger Hörnchen.«

Sie steckte es in eine Tüte.

»Darf's sonst noch was sein?«

»Können Sie mir was empfehlen? Ich bin nicht von hier. Gibt es noch irgendeine andere Bamberger Spezialität?«

»Jetzt zur Weihnachtszeit haben wir Bamberger-Hörnla-Lebkuchen. Die sind sehr gut.«

»Dann geben Sie mir einen. Und eine Tasse Kaffee.«

Ich bezahlte, legte meine Einkäufe auf einen kleinen Stehtisch vor der Theke, kaute am Lebkuchen und schlürfte vom Kaffee. Als ich den Lebkuchen vertilgt hatte, sprach mich die Verkäuferin an.

»Und – hat er geschmeckt?«

»Total lecker. Zum Reinlegen. Ich werde mir dann noch ein oder zwei mit nach Hause nehmen.«

»Und wo ist dieses Zuhause?«

Sie wollte offensichtlich eine Unterhaltung anfangen. Es war kein weiterer Kunde aufgetaucht, wir befanden uns alleine im Laden, und sie hatte anscheinend Langeweile. Ich war nicht besonders scharf drauf, aber gegen ein bisschen Smalltalk gab es nun auch nichts einzuwenden. Vielleicht bekam ich die leckeren Hörnla-Lebkuchen ja dann zum Vorzugspreis.

»In Fürth.«

»Und was verschlägt Sie dann so früh am Morgen nach Bamberg?«

»Ermittlungen.«

»Sind Sie Polizist?«

»Nein, Privatdetektiv.«

Sie musterte mich skeptisch. Ich zog eine Visitenkarte mit der Aufschrift »Philipp Marlein – Privatdetektiv – Vertrauliche Ermittlungen« und meiner Telefonnummer aus meinem Portemonnaie und legte sie auf die Theke.

»Falls es Sie mal nach Fürth verschlägt und Sie eine gute Spürnase brauchen.«

Die Verkäuferin musterte die Karte.

»Eine gute Spürnase bräuchte ich eigentlich sofort. Sie könnte aufspüren, was mit meiner Kollegin los ist. Anna ist nämlich heute nicht zur Arbeit erschienen. Sie müsste schon seit über zwei Stunden da sein.«

»Vielleicht ist sie krank oder hat verschlafen?«

»Nein, bestimmt nicht! Dann wäre sie ans Telefon gegangen, ich habe schon bei ihr angerufen. Außerdem ist Anna sonst absolut zuverlässig. Dass sie unentschuldigt fehlt, ist völlig untypisch für sie.«

Bevor ich etwas erwidern konnte, klingelte in einem Nebenraum das Telefon.

»Ah, das wird die Anna sein. Wenn man vom Teufel spricht …«

Die Verkäuferin schlurfte in den Nebenraum und ich widmete mich meinem Hörnchen. Als ich es aufgegessen hatte, war sie immer noch nicht zurück. Stattdessen hörte ich lautes Schluchzen. Ich ging in den Nebenraum. In dem kleinen Büro saß die Verkäuferin, von Heulkrämpfen geschüttelt, am Schreibtisch. Ich trat neben sie.

»Was ist los?«

Sie sah zu mir auf, das Gesicht tränenüberströmt. Es dauerte eine Weile, bis sie sich so weit beruhigt hatte, dass sie mir antworten konnte. Ihre Worte kamen stockend und abgehackt.

»Das war die Mutter von Anna. Die Polizei war bei ihr. Anna wurde ermordet! Sie haben sie tot auf einem Feld gefunden, mit Wunden und Verletzungen übersät. Und auf ihre Stirn hat der Mörder das Wort *Hexe* eingebrannt. Großer Gott, ist das schrecklich!«

Ich fummelte ein Papiertaschentuch aus meiner Manteltasche und reichte es der Frau.

»Hexe? Nur weil sie in einem Bäckerladen gearbeitet hat, der von außen aussieht wie ein Hexenhäuschen?«

Sie nahm das Taschentuch und trocknete damit die Tränen.

»Anna Bachin hielt sich wirklich für eine Hexe.«

Langsam wurde mir der Aufenthalt in dieser seltsamen Bäckerei suspekt. Eigentlich hatte ich doch nur ein Bamberger Hörnchen essen wollen.

»Was soll eigentlich diese schräge Nummer mit der Hexenhaus-Dekoration?«

»Wie meinen Sie das?«

»So wie ich es sage. Wieso machen Sie hier um diese Zeit auf Hexenhaus und nicht wie alle anderen Bäckereien der Welt auf Weihnachten und Nikolaus und Christkind und so?«

»Ich glaube, das war ursprünglich einfach nur deswegen, weil dieses Haus so klein ist wie ein Hexenhäuschen. Und dann hat sich ja kurioserweise herausgestellt, dass genau hier an dieser Stelle früher tatsächlich ein echtes Hexenhaus stand.«

»Ein echtes Hexenhaus?«

»Ja. Im Mittelalter gab es doch diese Hexenprozesse. Bamberg war eine der absoluten Hochburgen der Hexenverfolgung. Die Bamberger Hexenjäger bauten hierfür das sogenannte Malefizhaus, das ihnen gleichzeitig als Gefängnis, Gerichtssaal, Folterkammer und Hinrichtungsort diente. Und dieses Malefizhaus, das nach dem Ende des Hexenwahns wieder abgerissen wurde, befand sich zufälligerweise exakt auf dem Platz, wo heute unsere Bäckerei steht.«

»Und wieso glaubte Ihre Kollegin, sie sei eine Hexe?«

»Nun ja, das entstand so durch diese Sache mit dem Malefizhaus. Seit das bekannt wurde, sprachen uns immer mal Kunden darauf an. Und es kamen Historiker, die Forschungen durchführten und uns Fragen stellten. Irgendwann hat Anna angefangen, sich näher für diese Thematik zu interessieren. Hat sich Bücher über das Hexenwesen in Bamberg und das Hexentum allgemein gekauft und sie gelesen.«

»Aber es ist wohl nicht beim Lesen geblieben?«

»Nein. Anna hat sich dadurch total verändert. Sie beschäftigte sich mit Sachen wie Naturheilkunde und Kräuterlehre, Traumdeutung und Wahrsagerei, Astrologie und Kartenlegen, Magie und Zauberei, Okkultismus und Esoterik. Führte obskure Rituale durch, stylte und kleidete sich ganz anders. Irgendwann hat sie dann erklärt, sie sei jetzt selbst eine Hexe. Eine moderne, neuzeitliche Hexe. Wir haben sie mitleidig belächelt, aber Anna meinte es ernst.«

Die Frau begann erneut zu schluchzen. Ich wollte ihr gerade ein weiteres Taschentuch reichen, als mein Blick auf ein Foto fiel, das an der Pinnwand über dem Schreibtisch steckte und die Verkäuferin neben einer jungen Frau zeigte.

Entsetzt deutete ich auf das Foto und schrie: »Die andere Frau auf diesem Foto – ist das etwa die getötete Kollegin?«

Völlig verschreckt von meiner schroffen Anrede nickte sie.

»Ja, das ist Anna Bachin ...«

Mir gefror das Blut in den Adern.

Ich hatte die Ermordete schon einmal gesehen.

2

Als der Mann auf mein Klingeln hin die Tür öffnete, hielt ich ihm sofort meine Pistole unter die Nase.

»Keine Faxen, Sportsfreund. Die Hände zum Himmel und hinein in die gute Stube.«

Wir betraten das, was wohl das Wohnzimmer sein sollte. Es gab in dem Raum allerdings nicht das übliche Mobiliar, sondern diverse Tische, Stühle, Liegen, Vorrichtungen und Gerätschaften, die mit Dornen, Seilen, Fesseln, Schrauben, Gewichten, Dolchen, Zangen, Riemen, Spreizern und Ketten ausgestattet waren.

Das hier war kein Wohnzimmer – das war eine Folterkammer.

Ich hielt mein Schießeisen weiter auf ihn gerichtet, während ich sprach: »Ums kurz zu machen – ich habe Sie in den vergangenen Tagen im Auftrag Ihrer Vorgesetzten beschattet und dabei gestern beobachtet, dass eine junge Frau namens Anna Bachin zu Ihnen kam und die Nacht bei Ihnen verbrachte. Tragischerweise erkannte ich nicht, dass die Schreie, die sie später von sich gab, keine Lustschreie waren, sondern Schmerzensschreie, weil Sie sie hier in Ihrer netten kleinen Folterkammer gequält haben. Sie haben sie schließlich ermordet und ihre Leiche auf ein Feld geworfen. Bevor ich Sie der Polizei übergebe, würde ich gerne erfahren, wie ein Gottesmann dazu kommt, eine solche Teufelstat zu verüben.«

Der Priester, ein schlanker, ja hagerer Mann mit bereits gelichtetem und ergrautem Haarkranz, fixierte mich mit eisgrauen Augen, in denen blanker Hass und Fanatismus funkelten.

»Sie war eine gottverdammte Hexe!«

Ich musste schlucken und aufpassen, dass ich die Fassung behielt. Mit so einem unverhohlenen Geständnis – und nichts anderes war diese Erwiderung – hatte ich trotz der relativen Eindeutigkeit der Umstände nun doch nicht gerechnet.

»Das haben Sie ihr ja schon auf die Stirn eingebrannt. Was soll diese ganze Scheiße mit diesem Hexen-Hokuspokus? Wir sind doch nicht mehr im Mittelalter!«

Er berührte mit seinen Fingern das goldene Kreuz am Ende der Kette, die er über seinem schwarzen Rollkragenpullover trug, als könnte sie ihm Legitimation verschaffen und Absolution erteilen.

»Nein, aber die Hexen sind zurückgekehrt! Sie nennen sich jetzt *Wicca,* und sind genauso gefährlich wie damals. Sie wollen das Christentum auslöschen und ihre perverse heidnische Götzenreligion einführen. Ich beobachte diese Wicca-

Szene schon länger. Sie breitet sich seit einigen Jahren immer mehr aus. Hier in Bamberg ist eine ihrer Hochburgen. Diese Stadt ist anscheinend immer noch eine verdammte Hexen-Brutstätte. Man muss gegen diese neue Teufelspest ankämpfen und sie ausrotten, bevor sie noch die gesamte Bevölkerung infiziert. Und deshalb habe ich mich entschlossen, den berühmten und altbewährten *Hexenhammer* wieder aus der Versenkung zu holen. Ein wunderbares Werk, das dafür gesorgt hat, dass die Hexen jahrhundertelang von der Bildfläche verschwunden waren. Um die Inhalte des *Hexenhammers* umsetzen zu können, habe ich hier in diesem Gebäude ein modernes Malefizhaus eingerichtet.«

»Soweit ich weiß, ist der *Hexenhammer* eines der übelsten Bücher der Menschheitsgeschichte – eine Art *Mein Kampf* des Mittelalters. Wie haben Sie es übrigens geschafft, Anna Bachin in Ihr Haus zu locken?«

»Ich habe Kontakt zu ihr aufgenommen und so getan, als wollte ich in ihre Wicca-Sekte aufgenommen werden. Es gibt ja auch männliche Hexen.«

»Wieso mussten Sie ausgerechnet diese junge unschuldige Bäckereiverkäuferin ermorden? Und warum dieser Unfug mit dem eingebrannten Wort *Hexe*?«

»Unschuldig? Anna war eine der Aktivsten in der Bamberger Wicca-Szene. Und stigmatisiert habe ich ihre Leiche, damit alle Welt erfährt, dass Anna Bachin sterben musste, weil sie eine verdammte Hexe war. Ich wollte damit durchaus auch ein Exempel statuieren und eine Botschaft an die Hexen-Szene senden: Wir werden euch erneut verbrennen, wenn ihr wieder kommt!«

Ich schüttelte den Kopf.

»Der Einzige, der hier brennen wird, sind Sie – und zwar in der Hölle.«

Ich hob meine Knarre ein Stück und zielte genau auf die Stirn des Priesters. Seine Augen weiteten sich vor Schreck und Bäche von Angstschweiß rannen ihm über das Gesicht. Wenigstens diese kurze Pein der Todesfurcht wollte ich ihm zufügen, wenn ich schon nicht sein Instrumentarium auf ihn selbst anwenden durfte.

»Ich habe auch eine Botschaft für Sie, Herr Pfarrer: Wir werden euch immer jagen und zur Rechenschaft ziehen, wenn ihr foltert und mordet.«

Dann zog ich mit der anderen Hand das Handy aus der Manteltasche und wählte die Nummer der Polizei.

*

Bamberger Hörnla Lebkuchen

Zutaten

7 Bamberger Hörnchen (1 Tag alt)
500 ml heißes Wasser
250 g Mehl
600 g Zucker
100 g Zitronat
100 g Orangeat
500 g gemahlene Haselnüsse
4 Eier
10 g Lebkuchengewürz
10 g Hirschhornsalz
10 g Zimt
Oblaten, 7 cm Durchmesser
1 Packung Kuchenglasur Schoko

Zubereitung

Die Hörnchen, das Orangeat und das Zitronat mit einer Haushaltsreibe fein reiben (wie Semmelbrösel) oder mit einer Küchenmaschine zerhäckseln.
Hirschhornsalz im Wasser auflösen.
Eier schaumig rühren.
Alle Zutaten in eine große Schüssel geben und mit dem Hirschhornsalzwasser zu einem Teig vermengen und gut verrühren. 15 Minuten stehen lassen.
Die Teigmasse gleichmäßig auf den Oblaten verteilen (ca. 40 g Teigmasse auf jeder Oblate).
Die Lebkuchen auf ein Backblech legen und bei 175 Grad ca. 15 Minuten backen.
Die Lebkuchen aus dem Backofen nehmen und auskühlen lassen, dann mit der Schokoglasur bestreichen.

Paula Bengtzon & Fenna Williams

Schluckbeschwerden

(Bad Steben)

»Hallo, liebe Zuhörer! Willkommen zur Sondersendung direkt aus dem Kurhaus von Bad Steben. Sie hören B-Steb Einhundertzweikommasieben. Bonjour, Hello und Grüezi auch an alle Zuhörer unserer Nachbarländer, in denen Klöße eine wichtige Rolle in der Nahrungskette spielen. Frankreich und Franken kämpfen heute um den begehrten Titel des Bad Stebener Super-Knödels. Dieser Preis ist dotiert mit einer begehrten Trophäe: dem Goldenen Klops.

Ich gebe jetzt direkt in unser festlich geschmücktes Kurhaus – zu Gudrun Hagen-Gebelein. Gudrun, wie sieht es bei dir aus? Ich hoffe, du bist der Spannung gewachsen ...?«

»Noch ist es relativ ruhig hier, Dieter. Es bleibt genug Zeit, unseren Zuhörern die Finalisten des diesjährigen Wettbewerbs vorzustellen. Zunächst der Titelverteidiger: Unser Siegfried, Knödelmatador aus Bad Steben, der seit Beginn der Austragung des beliebten Kochwettbewerbs stets dafür gesorgt hat, dass der Goldene Klops nicht in feindliche Kochtöpfe fiel. Unserem Siegfried ist es zu verdanken, dass der Bad Stebener Knödel weltweit buchstäblich in aller Munde ist. Er und sein Team haben wie jedes Jahr an der Fensterseite des Saales Quartier bezogen.«

»Wenn ich da kurz einhaken darf, Gudrun, um Unseren Siegfried zu zitieren: *Ein Superknödel braucht Licht und Luft, um zu gedeihen – und dann erst heißes Wasser.*«

»Ganz genau, Dieter! Siegfrieds Worte! Und der Erfolg gibt ihm recht. Das ist auch der Grund, weshalb Thierry Mat aus Frankreich samt Team an einer langen Vorbereitungstafel direkt an den Saaltüren gegenüber in Stellung gegangen ist. Manche könnten jetzt sagen, das sei pure Nachahmung der Kunst Unseres Siegfrieds, aber man kann der Konkurrenz schließlich nicht verbieten, dazuzulernen. Thierry Mat, heute angetreten mit einer Kochmütze in den französischen Nationalfarben, nennt sich übrigens selbst *Le créateur du parfait rond* und hat sich mit dieser Anmaßung nicht wenige Feinde in der Knödelwelt gemacht.«

»Gudrun, ich höre, ein Raunen geht durch die Reihen der geladenen Gäste ...«

»Ganz richtig, Dieter. Soeben hat die Jury die Bühne betreten. Unser Siegfried quittiert dies mit einem lässigen Lächeln, als gehöre der Sieg schon ihm. Jetzt öffnet sich eine der Flügeltüren in den Park hinaus und ein sehr hübsches junges Mädchen trägt ein Samtkissen herein, auf der Siegfrieds Kochmütze thront, verziert mit dem Bad Stebener Stadtwappen: ein silberner Brunnentempel auf königlichem Blau mit goldenem Becken, aus dem eine silberne Wasserfontäne hervorsprudelt. Allerdings Dieter, und dies wird die Hörer von B-Steb Einhundertzweikommasieben besonders interessieren: Auf der Fontäne tanzt nicht wie üblich der goldene Großbuchstabe >R<, für die radonhaltige Quelle unseres Ortes – sondern der Bad Stebener Superknödel!«

»Das kommt in der Halle gut an. Ich kann es bis ins Funkhaus hören. Damit liegt Unser Siegfried wohl zumindest im Kochmützenduell eindeutig vorne. Aber reicht das, um die Jury nach seinem unverzeihlichen Fauxpas in der Disziplin des Knödel-Wettrollens wieder völlig für sich einzunehmen?«

»Das ist die Frage, die sich hier alle stellen, Dieter. Unter den Augen der entsetzten Zuschauer fiel Siegfried, sonst immer Herr seiner schwieligen Hände, gleich zu Beginn des Knödel-Wettrollens ein Kloß aus den Händen. Gut informierte Kreise behaupten, dass es sich dabei in der Tat um Sabotage gehandelt hat. Böse Zungen flüstern gar, dass die Attacke aus seinem eigenen Team kam. Denn nach dem Wettbewerb flogen in Siegfrieds Mannschaft die Fetzen.«

»Ungeheuerlich! Egal, was es war, es hat Unseren Siegfried aus dem Rollkonzept gebracht, Gudrun, und der Sieg in dieser Kategorie ging an seinen schärfsten Widersacher, Thierry Mat.«

»Leider! Aber dem bisherigen Knödel-König Siegfried Kriegel, – und damit auch uns, liebe Zuhörer – bleibt die Hoffnung, den alles entscheidenden Punkt hier und heute im Finale zu holen. Unser Siegfried versagte zwar beim Wettrollen, konnte aber bei der Komposition des Bad Stebener Sonderknödels die Gaumen der Jury begeistern und ein glattes Unentschieden herausarbeiten. Mit seiner Knödelfüllung aus geschmorten Krabben mit Zitronengras und Honig, schlug er die elsässische Sauerkraut-Variante von Thierry Mat um Längen.«

»Klingt verführerisch. Konntest du die Rivalen vor der letzten Runde noch einmal interviewen?«

»Tut mir leid, Dieter, vor dem alles entscheidenden Wettbewerb gewährt keiner der beiden Audienz. Wer könnte es ihnen verdenken? Sie wollten sich in aller Ruhe auf das Wettessen vorbereiten.«

»Wie lange haben die beiden dafür gehungert?«

»Gar nicht, Dieter. Man hungert nicht, sondern trainiert seine Kaumuskeln und weitet die Aufnahmekapazität des Magens. Um die vorgeschriebenen fünf Knödel in Bestzeit zu verdrücken, ist Geschmeidigkeit im Schlund Voraussetzung.«

»Dann ist es also wahr, Gudrun? Die Herren schlucken die Knödel fast ohne Kauen hinunter? Wie eine Riesenschlange ihr lebendes Opfer?«

»Guter Vergleich. Und jedes der heutigen Jurymitglieder ist in dieser Disziplin ebenfalls Spitzenklasse.«

»Stell uns doch die Preisrichter dieser Kategorie einmal näher vor.«

»Gerne. Da haben wir aus Amerika Peter Donsdale, Besitzer der weltweit mächtigsten Knödelfabrik *Dumplings Heaven*. Neben Peter Donsdale sitzt Josefine Wölfel, Gründerin und Vorsitzende der Partei aus dem FF ...«

»... Partei aus dem freien Franken ...«

»Sag ich doch. Josefine unterhält sich gerade mit Jean Jaques Ville, einem ehemaligen Sternekoch und jetzigem Chefredakteur des Fachmagazins ›Escoffier‹, der vor einigen Jahren versuchte, den Goldenen Klops zu gewinnen. Dieter, an dieser Stelle muss ich mich selbst unterbrechen, denn Peter Donsdale hat mit einem goldenen Kochlöffel auf die Trophäe geschlagen und damit das Startzeichen zum Finale gegeben.«

»Möge der Bessere gewinnen, Gudrun. Und möge der Bessere Unser Siegfried sein!«

»Liebe Zuhörer, gerade werden die Schüsseln mit den Wettkampfknödeln hereingetragen. Noch sind sie mit silbernen Hauben bedeckt. Noch dringt ihr verführerischer Duft nur verhalten in unsere Nasen, aber im Saal ist es schlagartig still geworden. Niemand will den Moment verpassen, in dem der erste Kampfknödel im Rachen der Kontrahenten verschwindet.«

»Hergestellt wurden die Knödel übrigens von einem unparteiischen Koch aus England unter strenger Aufsicht der Ehefrau Unseres Siegfrieds, Waltraut Kriegel und eines Anwalts der Gegenmannschaft. Dieses Verfahren ist notwendig, damit alles mit rechten Dingen zugeht und Doping gänzlich ausgeschlossen ist.«

»Achtung, Dieter! Jetzt gehen die Finalisten in Position. Es herrscht atemlose, hungrige Stille. Unser Siegfried lässt zur Einstimmung seinen Unterkiefer kreisen. Notwendige Auflockerung vor dem Start. Knödel essen ist ein Sport, meine lieben Zuhörer, so sehen es jedenfalls unsere Athleten. Thierry Mat scheint tief in sich selbst versunken. Der Tunnelblick des Sprinters, bevor der Startschuss fällt. Da! Die Jury schwenkt die grüne Fahne! Die Silberhauben werden gleichzeitig angehoben. Und da sind sie, zweimal fünf exakt gleich große Knödel. Wettkampfdurchmesser vier Zentimeter. Gewicht, exakt fünfzig Gramm. Thierry greift mit beiden Händen zu. Der erste Knödel verschwindet in seinem Schlund. Ein Schluck, und weg! Und schon ist der Zweite dran. Was macht Unser Siegfried? Auch er hat bereits den zweiten Knödel im Mund. Und schon ist der dritte auf dem Weg in den durchtrainierten Magen. Ich muss schon sagen, Dieter: zwei ebenbürtige Gegner.«

»Zum Verständnis für unsere Zuhörer: Was passiert bei zeitlichem Gleichstand?«

»Dann geht es in den Klops-Break und es zählt nur noch die tatsächlich verzehrte Menge. Die beiden Rechauds mit jeweils fünfzig weiteren Knödeln stehen bereit.«

»Aber Gudrun, dann ist ...«

»Da! Bei Thierry Mat sieht es so aus, als habe er an Nummer Vier schwer zu schlucken ... und ... was ist denn das? Das gibt's doch nicht! Unserem Siegfried ist der vierte Wettkampfknödel aus der Hand gefallen! Ja, wo gibt es das denn? Schon wieder ist ... ein Knödel gefallen. Dieter, das ist eine Entwicklung ... also wirklich ... Siegfried ist in die Knie gegangen, vermutlich um den Knödel zu finden, ohne den für ihn der Wettkampf gelaufen wäre. Unser Siegfried ist unter dem Tisch verschwunden. Thierry Mat guckt sich verwirrt nach seinem Gegner um. Josefine Wölfel will die rote Fahne heben, um den Wettkampf abzubrechen. Peter Donsdale geht dazwischen. Die Fahne bleibt unten. Wo ist Siegfried? Wo ist Siegfried? Was macht er so lange unter dem Tisch? Die Menschen springen von ihren Stühlen auf und feuern

Unseren Siegfried an. Damit bringen sie den Franzosen völlig aus dem Rezept ... pardon Konzept. Der Redakteur des Escoffier bedeutet Thierry sich zusammenzureißen und unbedingt mit dem Wettkampf fortzufahren. Wie in Trance schluckt Thierry seinen fünften und letzten Knödel. Die Glocke ertönt. Aus! Aus! Der Wettkampf ist aus! Thierry Mat reißt die Arme hoch. Der Saal tobt. Ich kann hier kaum noch mein eigenes Wort ... Die Jury steigt von der Bühne und kommt auf uns zu. Wo ist Unser Siegfried? Wo ist er?«

»Kannst du mich noch hören, Gudrun? Der Lärm ist ja ohrenbetäubend. Gudrun! Hat Thierry Mat den Wettkampf nun gewonnen oder hat Unser Siegfried seinen vierten und fünften Knödel unter dem Tisch verzehrt? Und wäre das regelgerecht? Gudrun? Gudrun, bitte melde dich! Hat dieser Franzose den Franken den Titel gestohlen?«

»Ich kann hier wirklich nur Vermutungen anstellen, Dieter. Die Jury scheint einhellig der Meinung, dass Thierry Mat gewonnen hat ... aber Moment ... starke Hände setzen den Tisch zur Seite. Da liegt Unser Siegfried. Er würgt, er röchelt, er stemmt sich mit einer gewaltigen Kraftanstrengung in die Höhe, taumelt in Richtung Gegenpartei und fällt vornüber. Er reißt den gegnerischen Wettkampftisch mit sich. Die Rechauds ...! Josefine Wölfel ist unter den Knödeln begraben ... Monsieur Ville buddelt sie eigenhändig frei ... Peter Donsdale hat sich auf Siegfried gestürzt, er scheint Erste Hilfe zu leisten. Er schüttelt ihn, er rüttelt ihn. Er wirft ihn wie ein Säckchen hinter sich. Aber: Unser Siegfried bewegt sich nicht mehr ...«

»Gudrun, liebe Zuhörer: Wir unterbrechen für eine kurze Staumeldung. Sie hören B-Steb Einhundertzweikommasieben. Ihr Sender für Bad Steben und die Region ... immer live dabei.«

»Beim letzten Ton des Zeitzeichens war es dreizehn Uhr. Guten Tag, Bad Steben. Ich bin Dieter Drechsel. Sie hören *Franken am Mittag,* auf B-Steb Einhundertzweikommasieben, an Tag Eins nach dem Knödeltod von Siegfried Kriegel. Eine Stadt steht unter Schock. War es ein Unglück? War es Mord? Unsere Reporterin Gudrun Hagen-Gebelein ist für Sie unterwegs, um Stimmen einzufangen und auch dringend den Leiter des Sondereinsatzkommandos *Knödel-Oscar,* Kommissar Bebengrün zu sprechen, der um diese Zeit seinen Mittagstisch in der *Adelskammer* einzunehmen pflegt. Übrigens, eines unserer unverfälschten Restaurants originalgetreuer fränkischer Küche. Definitiv kein Platz, um abzunehmen. Gudrun, konntest du mit Kommissar Bebengrün sprechen?«

»Nein, denn mit vollem Munde spricht man nicht ... aber die Kellnerin Babette, früher bei Siegfried Kriegel in seiner Lokalität *Unser Siegfried* angestellt und seit gestern Abend Aushilfskellnerin hier in der *Adelskammer,* stand uns für eine erste Einschätzung zur Verfügung. Babette. Denkst du, es war Mord?«

»Hoffentlich.«

»Konntest du den Siegfried gut leiden?«

»Nein.«

»Gibt's einen Grund?«

«Gibt für alles einen Grund, mindestens.«

»Unsere Zuhörer sind an jedem interessiert.«

»Erstens mochte ich seine Knödel nicht, zweitens hat er mich mies bezahlt. Drittens hat er angegeben wie ein Sack Seife und sich sonst was auf seine Pokale eingebildet, dabei haben seine Frau und sein Sohn die ganze Arbeit gemacht.«

»Ach? Und woher weißt du das?«

»Weil ich die Knödel aus der Küche geholt habe, um sie zu servieren, deshalb.«

»Gab es deswegen Streit mit seiner Frau?«

»Ich will ja nichts Falsches sagen, aber seit der Knödel-Donsdale den beiden Angebote zum Kauf der Knödelrezepte gemacht hat, wurde es schlimm. Da hat die Waltraud Nächte durcharbeiten müssen, um immer neue Arten von gefüllten Klößen, Klopsen, Knollen und Rundlingen zu kreieren. Der Siegfried hat schon was geschwafelt vom Hollywood-Knödel. Und er würd einen machen, dass dem Schwarzenegger, ach was, sogar dem Obama, die Augen aus dem Kopf rollen.«

»Danke, Babette. Diese Informationen, Dieter, dürften unseren Kommissar Bebengrün ebenso interessieren, wie all das, was unser Sender sonst noch für ihn im petto hat. Babette reißt ihm gerade den Teller unter der Gabel weg ... Herr Bebengrün, bitte ein Statement für ... so warten Sie doch, Herr Kommissar, die Zuhörer ... tja, Dieter, und da ist er auch schon entwischt, unser Ordnungshüter. Ich gebe erst mal zurück zum Wetter.«

Bevor der so »entwischte« Bebengrün zur anstehenden Zeugenvernehmung schritt, holte er den Bericht des Rechtsmediziners ab. Eine Amtshandlung, die man mit der Presse im Schlepptau lieber vermeiden sollte.

»Bevor ich den ganzen Sermon hier lesen muss, sag mir lieber, was ich wissen sollte«, bat er seinen Kollegen Dr. Siepen.

»Am Knödel erstickt.«

»Das ist alles?«

„Japp.«

»Fall gelöst.«

»Nö«, sagte Siepen. „Hättest du wohl gern. Frag gefälligst, warum er dran erstickt ist.«

Bebengrün schnaubte. „Warum ist er gefälligst dran erstickt?«

»Ich habe Verbrennungen im Rachen des Opfers gefunden.«

»Also war der Knödel zu heiß?«

»Nö.«

»Siepen! Ich muss noch zig Leute vernehmen. Ich will hier kein Quiz.«

»Der Knödel war zu kalt. Eiseskälte macht auch Verbrennungen, verstehst du? Hast du nie als Kind im Winter mit der Zunge an einem vereisten Geländer oder an einem Laternenpfahl geklebt?«

»Nein, schmeckt beides schon im Sommer nicht, also hab ich es im Winter gar nicht erst probiert. War der Knödel manipuliert?«

Dr. Siepen verkniff sich ein Lachen. »Knödel Nummer vier war so kalt wie die Hand des Todes. Im Eifer des Gefechts war das nicht zu bemerken. Stopf, stopf, stopf ...«, erklärte er und führte zur Erklärung seine Hände abwechselnd zum Mund. »Bevor Siegfried Kriegel wusste, was er aß, hatte er den Eis-Knödel schon im Mund, schluckte das harte Ding, und zack – alles war zu spät. Die Speiseröhre machte dicht. Der Schluckreflex setzte aus. Der Knödel ging nicht mehr vor und nicht mehr zurück. Bis der alte Siepen den Knödel untersucht, ist der längst auf Zimmertemperatur ... hat sich der Täter gedacht. War aber nicht so. Im Kern des Knödels waren es nicht mehr als zwei Grad, als ich ihn rausgeholt habe. Und jetzt bist du dran.«

»Ich wusste immer, dass die Engländer nicht kochen können.«

»Ich glaube, mein Lieber, so einfach ist das nicht.«

»Fingerabdrücke?«

»Auf dem Knödel? Nein!«

»Aber vielleicht auf der Silberhaube? Irgendjemand muss ja einen Knödel kurz vorm Wettbewerb ausgetauscht haben.«

»Fehlanzeige. Nach diesem Tumult im Saal sind alle möglichen Fingerabdrücke drauf. So wirst du nicht weiterkommen.«

Die Worte Dr. Siepens erwiesen sich als prophetisch. Auch die Befragung von Thierry Mat durch Bebengrün gab nichts her. Der Elsässer war, genau wie Siegfried Kriegel, die ganze Zeit unter Aufsicht gewesen. Keiner von beiden hatte die Wettkampfküche betreten. Ebenso wenig wie die Jury.

»Aber, Sie hätten ein Motiv«, sagte Bebengrün.

»Warum? Die Amerikaner wollen das Rezept von Siegfried, nicht meins. Ich habe nichts errungen, außer einen sehr zweifelhaften Sieg und diesen Pokal. Und für das Ding kann ich mir nichts kaufen.«

Bebengrün starrte die Trophäe an, als solle sie ihm etwas erzählen und sagte: »Stimmt.«

Nach diesem wenig erhellenden Gespräch setzte sich der Kommissar zwecks innerer Einkehr im Kurpark auf eine Bank. Wie aus dem Nichts stand plötzlich eine Frau mit Mikrofon in der Hand vor ihm. Bebengrün stöhnte. B-Steb Einhundertzweikommasieben verlangte es offensichtlich noch immer nach seinem Statement. Er hasste es, ein gefragter Mann zu sein, der selbst Fragen hatte.

»Sie schon wieder?«, fragte Bebengrün sein Gegenüber.

»Ja, ich schon wieder. Gudrun Hagen-Gebelein, immer live dabei. Kommen Sie mit in den Sender, ich muss Ihnen was zeigen.«

»Beim Radio?«

»Glauben Sie, beim Radio gibt es nichts zu sehen?«

Wenige Minuten später saß Kommissar Bebengrün vor einem Fernseher und sah mit eigenen Augen die dramatischen Ereignisse des Wettkampftages.

»Du liebe Güte!«, sagte er. »Wer hat das aufgenommen?«

»Mein Smartphone.« Gudrun lächelte Bebengrün an.

»Spulen Sie da noch mal zurück.«

Das Bild löste sich in bunte Fetzen auf, blieb wieder stehen und man sah, wie die Teller mit den Silberhauben hereingetragen wurden.

»Wer sind die beiden Kellner?«

»Das müssen Sie den Veranstalter fragen. Kellner aus dem Kurhaus vermutlich.«

»Noch mal.«

Zzzzzzzzst.

»Stopp!«

Das Bild fror wieder ein.

»Sehen Sie was, was ich nicht sehe?«, sagte Gudrun. »Ich sehe nur zwei Kellner, wie es die Wettkampfordnung befiehlt.«

»Aber das da ist kein Mann.« Der Kommissar zeigte auf den Bildschirm. »Man sieht zwar das Gesicht nicht, wegen der Kappe, aber kein Mann hat solche Hüften ...«

»Ich mach das mal größer.« Gudrun betätigte ein paar Tasten auf einem Mischpult und zoomte das Bild heran. »Diese Hüften ... und schauen Sie mal auf die Hände ... Gummihandschuhe.«

»Drucken Sie das aus.« Kommissar Bebengrün sprang auf.

Der Drucker sprang an, und kaum war das Bild da, schnappte Bebengrün zu und sagte: »Danke. Schönen Tag noch, ich muss los.«

»Kann ich mitkommen?«

»Wüsste nicht, wohin«, sagte Bebengrün und war schon aus dem Zimmer.

Mit dem Foto in der Hand betrat der Kommissar wenig später die Küche des Kurhausrestaurants und zeigte das

Bild der ganzen Riege vom Küchenchef bis zum Auszubildenden. Letztgenannter machte auf dem Absatz kehrt und rannte hinaus. Bebengrün, nicht mehr der Jüngste, versuchte zu folgen, wurde aber vom Patissier mit Riesenschritten überholt. Während Bebengrün den Gang entlang keuchte, hörte er ein paar Türen weiter Porzellan scheppern, Türen klappern und die Geräusche eines Kampfes. Der Patissier hatte den Flüchtenden Azubi im Lagerraum gestellt. Zwischen Scherben zersprungener Terrinen und Tellern saß ein Häuflein Elend und sah seiner Exekution entgegen.

»Wer sind Sie?«, fragte Bebengrün und schnappte nach Luft.

»Siggi Kriegel junior.«

»Und wer ist das auf dem Foto?«

»Ich.«

Bebengrüns Augen wurden schmal. »Seh' ich aus, als wäre ich blöd? Siehst du aus, als wärest du rund um die Hüften und höchstens einssechzig groß?«, fragte der Kommissar. »Also los, Junior, wer ist das?«

»Meine ... meine ... Mutter.« Die Augen des jungen Mannes füllten sich mit Tränen.

Bebengrün wandte sich um, als der Küchenchef im Abstellraum erschien. »Junge, Siggi!«, sagte er. »Was hast du gemacht?«

»Nichts«, sagte Bebengrün. »Er hat nur seinen Platz mit der Mama getauscht.«

»Sie wollte nur einmal dabei sein«, sagte Siggi junior, »einmal nur alles mit ansehen. Papa hatte das verboten. Er ist das Gesicht, mit dem der Knödel verkauft wird, hat er gesagt. Dabei ... dabei ...« Siggis Worte verloren sich in Schluchzern, die sogar Bebengrüns Herz erweichten.

»Dabei waren die Knödelrezepte von ihr. Nicht wahr?«

Siggi nickte und wischte sich mit einem Ärmel die Tränen aus dem Gesicht. »Es sollte eine Überraschung von Mama für Papa sein ...«

»Na, das war es ja auch«, sagte Bebengrün und machte sich auf den Weg zur trauernden Witwe.

Als der Kommissar die Wohnung der Kriegels betrat, wusste er, dass er zu spät gekommen war. Auf dem Wohnzimmertisch lag ein Zettel, auf dem stand: *Für Kommissar Bebengrün. Lassen Sie den Jungen in Ruhe. Junior wusste nichts. Suchen Sie ruhig nach mir. Es wird keinen Zweck haben. Ich bin weit weg, wenn Sie dies hier lesen. Mir tut nicht leid, was ich getan habe. Der Klops geht eben so lange zum Munde, bis man bricht.*

»Guten Morgen, Bad Steben. Hier ist B-Steb Einhundertzweikommasieben. Es ist Tag acht nach dem Knödelmord. Noch immer hält die aufsehenerregende Flucht Waltraud Kriegels unser sonst so beschauliches Kurbad in Atem. Wie man sich denken kann, liegt der Siegerknödel des diesjährigen Wettbewerbes wie Blei in den Tiefkühltruhen unserer Supermärkte. *Killerknödel kauft man nicht* war noch eine freundliche Umschreibung eines Kunden, den wir dazu befragt haben. Gudrun, du stehst nun schon seit Tagen vor dem Kommissariat. Hat man dort eine Ahnung, wo Waltraut Kriegel sich aufhalten könnte?«

»Die Polizei hüllt sich in Schweigen. Kommissar Bebengrün war für die Presse nicht zu sprechen. Aber ich weiß aus sicherer Quelle, dass Interpol eingeschaltet wurde und alle notwendigen Daten an die NSA weitergeleitet hat. Darunter auch eine skurrile Nachricht, die unserem Sender heute Morgen anonym zugespielt wurde:

»Im Halse eng, das Klößchen sitzt,
da ist der Siegfried dran erstickt.
Er schluckte, würgte, sog und spuckte,
der Kloß nicht von der Stelle ruckte.
Es fehlte Luft zum Weiterleben,
so fiel er um mit großem Beben –
im schönen Kurhaus von Bad Steben.
Und die Moral von der Geschicht' –
Ist kalt der Knödel, rutscht er nicht.«

»Ein letzter, nun ja ... böser Gruß der Mörderin?«

»Tja, Dieter, darauf mag sich nun jeder seinen eigenen Reim machen. Und hiermit gebe ich zurück zu den Verkehrsnachrichten.«

*

Siggis Superknödel

– kreiert und serviert von ©Paula Bengtzon –

Man nehme für die Füllung von 8 Knödeln halb und halb (Durchmesser 4 cm):

4 Riesengarnelen (ohne Schale)
1 cm Zitronengras
1 kleine Knoblauchzehe
½ Zwiebel
½ cm Ingwer
Chiliflocken
1 Prise Minzcurry (Malaysia)
Zitronensalz mit Thymian (Jamie Oliver)
½ TL eines würzigen Honigs (Gozo oder Wildkräuter)
Zitronenzesten
Zitronenolivenöl
Olivenöl

Zitronengras, Zwiebel, Knoblauchzehe und Ingwer sehr klein hacken und in etwas Olivenöl anbraten. Dann die klein geschnittenen Riesengarnelen hinzugeben. Gut durchbraten, aber nicht trocken werden lassen. Mit einer Prise Minzcurry, Thymiansalz und etwas Chiliflocken würzen.
Vom Herd nehmen und den Honig aufträufeln. Gut durchmischen. Beiseite stellen. Die Pfanne nicht auswaschen, wird noch gebraucht.

Knödel formen (es empfiehlt sich, in den vorbereiteten Knödelteig, etwas frisch gehackten Thymian zu geben), jeweils die Füllung zuzufügen. Die Knödel sollen nicht dick und groß werden. Lieber kleine Exemplare rollen.

Wenn die Knödel gar sind, in derselben Pfanne, in der die Garnelen gebraten wurden diese mit einem Schuss Zitronen-olivenöl durchschwenken, etwas anbraten, mit Honig nach Belieben beträufeln und servieren.

Dieser Knödel passt zu einem kräftig gebratenen Seefisch mit Zitronensauce, Zitronenhühnchen oder Knoblauchhühnchen. Er schmeckt aber auch einfach so – nur kalt darf er nicht werden.

Lilo Beil

Der Lucas-Cranach-Mord

(Kronach)

Ein Sonnenstrahl huschte über die weißverhangenen Möbel und fiel auf den dicken, in grünes Leinenleder gefassten Band, der ganz zuoberst auf dem riesigen Bücherstapel lag, welchen Antonia inmitten des großen Wohnzimmers aufgetürmt hatte. Ein wundervoller Duft von Majoran strömte von der Küche her, weckte in Antonia Erinnerungen an Tante Friederike.

Und so sollte es sein. Zu Ehren der jüngst Verstorbenen hatte Antonia deren Lieblingsrezept hervorgekramt und sorgfältig das Gericht gekocht, das sie seit ihrer Kindheit begleitet hatte: die unvergleichliche fränkische Brezensuppe.

Ein Riesenteller der gehaltvollen, köstlichen Suppe war heute Antonias Stärkung gewesen, bevor sie sich an die Arbeit machte.

Seit einer vollen Stunde werkelte sie schon vor sich hin, denn Tante Friederikes Wohnung sollte nun endgültig aufgelöst werden.

Antonia oblag es, den Hausrat zu sichten und zu entscheiden, welche Habseligkeiten veräußert, welche entsorgt werden sollten.

Ein wenig wie Leichenfledderei kam es ihr vor, in Tante Friederikes persönlichen Sachen zu stöbern, in einem fremden Leben.

Auf das Biedermeiersofa freute sie sich, auf die dazugehörigen Sessel und den Tisch, alles in Kirschbaum und gut erhalten. Auch das hübsche Service der Marke Fürstenberg würde sie behalten, das Silberbesteck mit Monogramm und natürlich die Gemälde, die aus altem Familienbesitz stammten und Signaturen süddeutscher Maler des 19. Jahrhunderts aufwiesen. Tante Friederike hatte für diese Kostbarkeiten vor einigen Jahren Expertisen von einem Kunstschätzer erstellen lassen.

Doch am meisten lagen ihr die Bücher am Herzen, überwiegend Kunstbände, welche die stattliche Bibliothek der Tante, die vierzig Jahre lang als Kunsterzieherin an einem Kronacher Gymnasium tätig gewesen war, schmückten.

»Meine Kunstbücher, meine Kinder«, sagte Tante Friederike immer mal wieder.

Antonia würde die *Kinder* der unverheiratet gebliebenen Tante adoptieren, hegen und pflegen.

Es war verwunderlich, dass die Tante, eine Intellektuelle, nie geheiratet hatte, obwohl sie sehr gerne kochte, häuslich und kinderlieb war. Antonia musste schmunzeln, wenn sie daran dachte, wie die Tante ihre Gäste verwöhnt hatte. Beim Servieren der Brezensuppe war ihr Friederikes Miene immer geheimnisvoll erschienen. Das Lächeln einer Sphinx war auf deren Gesicht gelegen, wenn sie die duftende Suppe kredenzte, so als umspiele ein Geheimnis diese Speise.

Jugendbildnisse von Tante Friederike zeigten ein strahlend schönes blondes Mädchen mit breiten Wangenknochen und leicht schräggestellten Augen. Der slawische Typ. Antonia wusste, dass das oberfränkische Städtchen Kronach im Mittelalter eine starke slawische Einwanderungswelle erlebt hatte.

Die Tante als Kronacher Ureinwohnerin war stolz auf diese Abstammung. Als Antonia es einmal wagte, Friederike nach einem Freund, einem Liebsten aus der Jugendzeit zu fragen, erhielt sie die schroffe und unmissverständliche Antwort: »An sogenannten Verehrern hat es nicht gefehlt. Aber ich bin eine einsame Wölfin. Aus freiwilligen Stücken. Und außerdem: ein gebranntes Kind scheut das Feuer.«

Einmal war der Tante herausgerutscht: »Ich wollte nicht den gleichen Fehler machen wie meine Mutter und mich an einen Mann hängen, nur um versorgt zu werden.«

Von diesem harten Urteil ihrer Mutter gegenüber wich Tante Friederike nie ab.

Tante Friederikes Vater fiel 1943 in der schrecklichen Kesselschlacht um Stalingrad, und die Mutter stand nun mit der fünfjährigen Tochter und dem zweijährigen Sohn Friedrich, Antonias Vater, allein da. Sie heiratete wieder. Einen um viele Jahre älteren Mann.

Diesen *Stiefopa* lernte Antonia nie kennen, denn schon lange vor ihrer Geburt starb er.

Er hinterließ Friederikes Mutter eine stattliche Villa unterhalb der Festung Rosenberg und ein beachtliches Vermögen. Friedrich, Antonias Vater, studierte Jura und brachte es bis zum Staatsanwalt. Seine Schwester Friederike absolvierte ein Kunststudium und bestand darauf, »sich selbst zu ernähren«.

Niemals hätte sie sich von einem Mann abhängig gemacht, der sie zeitlebens *versorgte*.

Der Majoranduft hing immer noch im Raum, wollte nicht weichen und das war gut so.

Der Sonnenstrahl tanzte zurück. Über die weiß verhangenen Möbelstücke hin zu einem Aquarell, welches das Städtchen Kronach darstellte.

Kronach, Tante Friederikes große Liebe.

Kronach und Franken generell.

Selbst als sie in den letzten zehn Jahren ihres Lebens die oberfränkische Heimat gegen die pfälzische Wahlheimat eintauschte und nach Speyer am Rhein zog, um ihrer Nichte nahe zu sein, blieb ihre Sprache durchzogen von fränkischem Vokabular.

Hinter den für die Pfälzer exotisch anmutenden Begriffen *Bodaggn, Gnärzele, Weckla, Schdobfer* und *Baggers* versteckten sich folgende Lebensmittel und Speisen: Kartoffeln, knusprige Brotendstücke, Brötchen, Kartoffelpüree und Reibekuchen. Eine grantige Frau wurde von Tante Friederike als a Bissguan tituliert, und wenn Friederike ein Herpesbläschen am Mund hatte, so fragte Tante Friederike besorgt: »Host mol widder a Bäbbn?«

Und aus dem *Speyerer Brezelfest*, dem traditionsreichen historischen Ereignis der pfälzischen Domstadt, machte Tante Friederike das *Brezenfest*.

Der Sonnenstrahl huschte noch einmal zu dem Bildband hin, der ganz oben auf dem Bücherstapel lag, flirrte auf dem Buchdeckel hin und her, zitterte wie ein Schmetterling.

Antonia griff nach dem großformatigen Buch, auf dessen hellgrünem Leineneinband in schwarzer und sehr großer Schrift ein einziges Wort prangte: CRANACH.

Lucas Cranach, der Renaissancemaler, er war nach dem Städtchen Kronach Tante Friederikes zweite große Liebe gewesen.

Cranach, der berühmte, erfolgreiche Maler, der sich nach seinem Geburtsort Kronach selbst Cranach genannt hatte.

Tante Friederike war nicht müde geworden, Antonia, die sich früh für Kunst interessierte wie sie selbst, Loblieder auf diesen Künstler zu singen. Friederikes Worte klangen ihr nun, während sie auf dem Boden inmitten des Bücherstapels kniete, in den Ohren: »Cranach war genial, clever, er hat den Zeitgeschmack erkannt. Als Maler der Reformatoren Martin Luther und Philipp Melanchthon, der Eltern Luthers und seiner Frau, Katharina von Bora, war er selbst ein Reformator, ein Erneuerer geworden. Gefördert von Friedrich dem Weisen und dessen

Nachfolgern, hat er Biblisches und Profanes gleichermaßen dargestellt. Wahrhaftig war er und mutig. Der größte Kronacher.«

Als Friederike einmal leise bemerkte, Lucas Cranach habe doch eigentlich nicht in Kronach gewirkt, sondern hauptsächlich in Wittenberg, fauchte Friederike sie an, dies sei doch völlig irrelevant.

Antonia schlug die erste Seite des Buchs auf. Da stand eine Widmung: Für Friederike zur Konfirmation am Palmsonntag 1952 von Familie Prechtl.

Von dieser Familie hatte Tante Friederike einmal gesprochen. Nette Nachbarn waren das. Hilfsbereit und *nützlich*. So hatte sich die Tante ausgedrückt. Ihre Miene war dabei ähnlich mysteriös gewesen wie beim Kredenzen der Brezensuppe, wie sich Antonia plötzlich erinnerte.

Sie blätterte gedankenverloren Seite um Seite um. Hielt inne bei der Abbildung des Gemäldes der drei Heiligen Dorothea, Agnes und Kunigunde. Drei hübsche junge Frauen mit rotblonden Korkenzieherlocken, in der zeitgenössischen Tracht des Malers. Besonders anrührend die heilige Agnes in der Mitte, ein Lämmchen auf dem Arm haltend.

Die Personen auf den Abbildungen haben alle schräggestellte Augen, mehr oder weniger stark ausgeprägt, dachte Antonia. Man könnte fast sagen: Schlitzaugen.

Sie musste laut lachen.

Antonia erinnerte sich an eine Stelle aus ihrer aktuellen Lektüre, dem Bestseller *Wolf Hall* von Hilary Mantel. Da lästert der Maler Hans Holbein ganz unkollegial über Cranach, der Holbeins Meinung nach *alle seine Figuren wie Schweine aussehen* lässt. Antonia blätterte weiter.

Nun kamen die Gemälde, die als *Buhlschaften* bezeichnet wurden.

Der verliebte Alte. Ein junges Mädchen und ein alter Mann. Letzterer aufdringlich.

Unter einem der Bilder stand etwas sehr klein Gekritzeltes. Antonia konnte es mit bloßen Augen nicht lesen.

Nun bin ich erst 42 Jahre alt und brauche schon eine Lesebrille, dachte sie. Sie holte die Lupe, die sie vorhin auf Tante Friederikes Schreibsekretär gesehen hatte.

Jeder erhält seine gerechte Strafe stand da in kindlicher Schrift.

Auf der letzten Buhlschaft sah man einen verliebten Alten, der einem jungen rotblonden Mädchen einige Münzen in die Hand drückte. Antonia las das an den Rand Geschriebene weiter. *Bei Kindern tun es auch schon Bonbons oder Schokolade.*

Die kindliche Schrift war unverkennbar die Schrift von Tante Friederike. Leicht nach links geneigt und akkurat. Antonia rechnete nach. 1952. Konfirmation. Also war die Tante damals 14 Jahre alt gewesen.

Hastig und leicht beunruhigt blätterte Antonia weiter.

Der Majorangeruch der Brezensuppe, der noch immer im Raum hing, verursachte ihr plötzlich ein merkwürdiges Unbehagen.

Hier war nun eine biblische Szene dargestellt:

Lot und seine Töchter.

Das Motiv kam Antonia bekannt vor.

Lot, der dem verliebten Alten aus einem der Buhlschaft-Gemälde verblüffend ähnelt, sitzt vor einer Höhle, zu beiden Seiten zwei junge Frauen. Seine beiden Töchter.

Eine der beiden Frauengestalten war mit Kugelschreiber durchgestrichen, sodass nur noch eine Tochter übrig blieb.

Auch die Schrift unter dem Gemälde war abgeändert worden.

Das Kleingeschriebene offenbarte folgende Korrektur:

Lot und seine Stieftochter.

Da war noch etwas in kindlicher Schrift dazu geschrieben worden:

»1. Mose 19, Lutherbibel«, dahinter der Zusatz: »Doch wer verführt wen?«

Antonia erhob sich aus ihrer kauernden Stellung, ging zum Bücherregal, wo die Bibel alleine stand.

Sie las die Geschichte Lots, der aus der sündigen Stadt Sodom vertrieben wird. Dessen Frau auf die brennende Stadt zurückblickt und zur Salzsäule erstarrt. Lot, der sich mit seinen beiden Töchtern in eine Höhle zurückzieht, dort von beiden betrunken gemacht und verführt wird, um sich Nachkommenschaft zu sichern, weil alle Männer in den Flammen umgekommen sind.

Die Worte *von den beiden betrunken gemacht und verführt* waren hellrot unterstrichen. Daneben stand in klitzekleiner Schrift: Alles Lüge.

Antonia klappte die Lutherbibel zu, stellte sie ins Regal zurück, setzte sich wieder auf den Boden neben den Bücherstapel.

Sie zitterte am ganzen Körper.

Eine Szene tauchte vor ihren Augen auf, sie hatte alles vergessen im Laufe der Zeit. Es war in den 80er Jahren, sie war damals ein Teenager. Sie verbrachte ihre Sommerferien bei Tante Friederike, und sie besuchten an einem brütend heißen Sommertag die Festung Rosenberg. Der steile Weg hatte sich gelohnt. Von oben überblickte man die Altstadt, sah weit übers schöne oberfränkische Land hinweg. Dann gingen sie in das Innere der Burg.

»Nun zeige ich dir ein Gemälde, das für mich ganz wichtig ist«, sagte Tante Friederike. »Es enthält ein Geheimnis für mich.«

Sie standen vor dem Gemälde *Lot und seine Töchter*.

Tante Friederikes Worte waren für Antonia damals völlig unverständlich gewesen.

»Die Töchter haben ihn verführt, heißt es in der Bibel. Alles Lüge. Immer haben die Frauen die Schuld an allem.

Der Sündenfall. Adam und Eva. Und dies hier. Wenn einer betrunken ist, dann kann er doch nicht verführt werden. Mir kommt es vor, als habe Lucas Cranach das alles korrigieren wollen. Lot sieht aus, als ob er Spaß hätte und er wirkt nicht betrunken. Eher hat er die Töchter verführt.«

Sie zeigte auf das Gemälde und lachte bitter. Daneben hing die mythologische Darstellung von *Venus mit dem kleinen Amor als Honigdieb*.

»Schau«, sagte Tante Friederike. »Sie sieht aus wie ein ganz junges Mädchen, diese Venus. Männer, vor allem ältere Männer, mögen ganz junge Mädchen.«

Antonia schaute die Tante ganz verwundert an und konnte sich keinen Reim machen auf diese Bemerkung, die ihr völlig ohne Zusammenhang erschien.

»Eklig«, sagte sie.

»Ja, Kind, du hast recht. Es ist das Ekligste, das man sich vorstellen kann: Ein alter Mann und ein ganz junges Mädchen, fast noch ein Kind.«

So konnte nur jemand reden, der das alles am eigenen Leib erlebt hatte. Das verstand Antonia nun, viele Jahre später.

Sie gab mir damals ein Zeichen, das ich nicht erkannt habe, dachte Antonia. Ich war ja noch ein Kind.

Arme Friederike.

Antonia wollte das Buch zuschlagen, da fiel ihr Blick auf die letzte Seite.

Auf dem inneren Buchdeckel stand ein Rezept, von kindlicher Hand geschrieben.

»Fränkische Brezensuppe«, entzifferte Antonia mittels ihrer Lupe.

Die *berühmte* Brezensuppe, Kultspeise unserer Familie. Der Duft von Majoran schien Antonia nicht schwächer, sondern intensiver geworden zu sein. Sie musste niesen.

Was hatte das Rezept in diesem Kunstband zu suchen?

Sie überflog die ihr bekannten Zutaten und stutzte bei der allerletzten Zeile, die so winzig geschrieben war, dass die Lupe fast versagte:

»Ein Quäntchen dunkelrote *Beeren* aus dem Schuppen von Prechtl.«

Antonias Gedanken gingen erneut zurück in die Vergangenheit, zu einer Familienfeier damaliger Tage.

Sie war etwa zwölf Jahre alt.

Man sprach über Verwandte, über die Abwesenden, die nicht eingeladen waren und über die Toten.

Ein Gesprächsstoff, der Antonia anödete.

Nur einmal horchte sie auf, als die Rede auf den *Stiefopa* kam, den sie nie kennengelernt hatte, da er *lange vor ihrer Zeit* gestorben war.

»Der Todeskampf von deinem Mann war grässlich«, sagte eine Kusine von Antonias Großmutter, die damals zu Besuch gewesen war.

»Man hätte ja meinen können, da war was in der Brezensuppe, dabei war sie doch die Lieblingsspeise von deinem Mann selig. Die gute alte Brezensuppe. Und der Prechtl von nebenan hat noch am gleichen Tag seine Blechdose mit dem roten Rattengift gesucht.«

Antonias Vater wandte sich an seine Schwester.

»Ja, zu hastig hat er gegessen, da verschluckt man sich leicht. Wer zu gierig ist, der kann schnell ersticken. Er war gierig in allem. Stimmt's, Friederike?«

Tante Friederike antwortete nicht, sie errötete wie ein junges Mädchen, tauschte einen stummen Blick mit ihrem Bruder.

All dies hatte der Teenager Antonia beobachtet, ohne sich etwas dabei zu denken.

Es war ein flehender Blick gewesen, den die Erwachsene nun deuten konnte.

Schweig, sagte der Blick. Schweig, lieber Bruder.

Die Kusine, die für ihre Spitzzüngigkeit bekannt war, lachte und meinte: »Das war eh nur ein Witz. Ich würde so was doch nie im Ernst annehmen.«

Und die Großmutter, so erinnerte sich Antonia nun, wechselte das Thema und sprach von ihrer Lieblingssendung im Fernsehen, der Krimiserie *Derrick* mit Horst Tappert.

Das Telefon schrillte.

Antonia erhob sich ein wenig ungelenk aus der Hocke.

Sie nahm den Hörer ab.

Es war ihr Vater.

»Ich hab dir was zu sagen, Kind«, hörte sie am anderen Ende der Leitung.

»Nicht hier, nicht am Telefon, aber vielleicht kommst du mal vorbei. Es ist eine Sache, die mir schon lange auf der Seele liegt. Es hat mit Tante Friederike zu tun.«

»Ich weiß, Vater, ich weiß«, antwortete Antonia.

Wie alt und müde Vaters Stimme klang.

»Ich sortiere nur noch ein bisschen Friederikes Sachen aus. Wenn ich fertig bin schau ich bei dir rein, und wir können erzählen.«

Sie legte auf, ohne auf eine Antwort zu warten.

Antonia ließ sich auf dem Teppich nieder, blätterte noch einmal das Lucas Cranach-Buch durch, in Gedanken versunken.

Der Lichtstrahl streifte kurz das Buch und glitt zum Fenster hinaus.

Doch der Duft von Majoran wollte nicht weichen.

*

Brezensuppe

Zutaten

4 Brezen, oder ähnliches Laugengebäck
2 große Zwiebeln
2 Gelbe Rüben
100 g gewürfelten Speck,
100 g Butterkäse oder Gouda
1 Liter Gemüsebrühe
200 ml Rauchbier oder anderes dunkles Bier
2 EL saure Sahne
1TL Majoran
1 TL Kümmel
1 EL Schnittlauch
2 EL Butterschmalz
1 EL Öl
Salz und Pfeffer

Zubereitung

Wenn Brezen oder Laugengebäck übrig sind, kann man damit eine herzhafte Suppe zubereiten.
Zwiebel in Ringe schneiden. Brezen klein schneiden. Gelbe Rüben in Juliennestreifen, Schnittlauch in Röllchen schneiden.
Speck mit Öl in einer Pfanne anbraten, Zwiebeln dazugeben und anbräunen.
Zum Schluss die Gelbe Rüben kurz mit anbraten. Die Mischung in einer Schüssel beiseite stellen. Nun in der Pfanne die Brezenwürfel mit Butterschmalz leicht anbräunen.
Angebräunte Brezenwürfel, Kümmel, Majoran und Gemüsebrühe im Topf aufkochen, Speck-Gemüse-Mischung dazugeben,
10 Minuten köcheln lassen, bei sehr trockenen Brezen auch etwas länger.

Bier, Schmand und den klein geschnittenen oder geriebenen Käse dazugeben, kurz aufkochen, abschmecken und weitere 5 Minuten köcheln lassen.
Mit Schnittlauch bestreuen und servieren.

Variante für Vegetarier
einfach die Speckwürfel weglassen.

Tipp
Man kann die Suppe in Tassen geben und mit dem Käse überbacken. Vorsicht mit dem Salz, die Brühe und Brezen sind oft salzig genug. Statt der Gelben Rüben tut es eine Handvoll Tiefkühl-Suppengemüse auch. Wer es zwiebeliger will, nimmt die doppelte Menge Zwiebeln.
Die angegebenen Portionen sind eher üppig.
Aufgewärmt wird die Suppe noch besser.

ALEX CONRAD

Kümmelvariation

(Hof)

Verena stellte die Einkaufstüten ab und wischte sich über die Stirn. »Hast du gesehen? Sie laden schon die Bierfässer für den Hofer Schlappentag auf.«

»Ja, seit gestern, dabei ist das Schützenfest erst in einer Woche«, erwiderte Rainer. »Ist das heute heiß, ich brauche was zu trinken.«

Nach einem Klaps auf seine Schulter griff Verena die Tüten. »Dann mal auf nach Hause.«

Eine Viertelstunde später schloss Rainer die Tür zum *Bierkrüglein* auf.

»Echt blöd, dass Ludwig neuerdings keinen gereiften Quark mehr anliefert«, meinte Verena, als sie die Packungen in den Kühlschrank räumte.

»Ja, aber ohne den ist es auch kein echter Oberfränkischer Kochkäse.« Rainer wandte sich zum Gastraum. »Du auch ein Frischgezapftes?«

»Ja, nimm es mit auf die Terrasse. Ich hole vorher nur noch die Post.«

Die Sonnenstrahlen warfen lebendige Muster durch Blätter der Eiche im Innenhof, als Rainer die zwei Gläser zum Holztisch trug.

»Wieder mal nichts Besonderes im Briefkasten.« Verena legte den Stapel auf den Tisch. »Außer ...«, grinsend sie zog ein Heft heraus, »dem Gastrospezial über Hof.«

Schwungvoll stellte Rainer sein Bierglas ab und nahm Verena das Magazin aus der Hand.

»He, du Ungestüm.« Verena lachte und rückte ihren Stuhl näher.

Rainer tippte mit seinem Zeigefinger auf das Bild der Plassenburg. »Warum nehmen die nicht Motive von hier aus Hof, wie die Michaeliskirche oder die Lorentzkirche? Nein, Kulmbach muss es sein mit der Plassenburg.«

»Die wollten halt die Geschichte von Kunigunde, der Weißen Frau, bringen.« Verena strich sich das Haar aus der Stirn. »Und? Erzählen sie nur von den Kindern, die Kunigunde zu Lebzeiten umgebracht hat oder auch von dem armen Koch, den später ihr Geist erwürgte?«

»Würde sich vielleicht nicht so gut in einem Gastromagazin machen, oder?« Rainer leerte sein Glas. »Zapfst du mir noch eins?«

Mit einem Kopfnicken erhob sich Verena und ging hinein.

Als sie mit dem Bier zurückkam, saß Rainer steif auf seinem Stuhl. »Ist dir nicht gut?« Sie rüttelte an seiner Schulter und setzte sich neben ihn.

Er drehte den Kopf zu ihr. »Er kommt!«

»Schatz, wer?«

»Paulsen.«

»*Der* Paulsen?« Verena sprang auf. »*Der* Kritiker besucht Hof?« Sie wippte mit dem rechten Fuß auf und ab. »Wann?«

»Zum Schlappentag«, antwortete Rainer tonlos.

»Jetzt schau nicht so! Das ist doch aufregend. Ob er auch in unser *Bierkrüglein* kommt?«

Rainer schob ihr die Zeitschrift hin. »Zumindest ist unsere Werbung hier drin und wer weiß ... vielleicht animiert ihn das, bei uns vorbeizukommen.«

Kurze Zeit später standen beide in der Küche und waren mit den Vorbereitungen für den Abendbetrieb beschäftigt.

Verena rührte im Topf mit dem Quark und wartete darauf, dass er glasig wurde. »Sag mal Rainer, hast du eigentlich an den Kümmel gedacht?«

»Ist nicht noch was da?« Er legte das Fleischmesser an die Seite, ging zum Gewürzregal und nahm die Dose herunter. »Hm, wirklich nicht mehr viel«, meinte er, als er den Behälter schüttelte. »Aber für heute wird es reichen.« Er gab Verena das Gewürz. »Du nimmst sowieso immer ein bisschen zuviel.«

Verena schüttete den restlichen Kümmel in die Masse. »Ach ja? Beschwert hat sich bisher niemand.« Schwungvoll knallte sie die leere Dose auf die Arbeitsplatte. »Kannst ihn ja künftig selber machen«, murrte sie, stapfte hinaus und begann, die Tische einzudecken.

»Meine Güte, bist du heute wieder empfindlich«, rief ihr Rainer hinterher. Nachdem er das letzte Gemüse geschnitten hatte, ging er in den Gastraum. »Wie schön du wieder alles gedeckt hast. Das bekommen unsere Angestellten nur unter deiner Anleitung hin, wenn überhaupt.«

Schweigend trat Verena auf ihn zu.

»Ich habe es nicht so gemeint.« Er nahm sie in den Arm. »In keinem Rezept wird etwas über die Kümmelmenge geschrieben. Weder in alten Überlieferungen noch in neueren Rezeptbüchern. Das ist eben Geschmackssache.« Er strich ihr am Hals entlang, küsste sie sanft und schaute sie dann lange an. »Ich habe eine Idee. Du machst zukünftig ein bisschen weniger an den Kochkäse und wir stellen ein hübsches Schälchen auf den Tisch. Dann kann jeder nach seinem persönlichen Geschmack nachwürzen.«

Verena strahlte ihn an und gab ihm einen Kuss. »Geniale Idee. Kochkäse al Gusto.«

Als der letzte Gast gegangen war und Rainer gerade abschließen wollte, öffnete sich die Tür. »Du?«

»Ist wichtig!«, Willi schob sich an Rainer vorbei und ging zur Theke. »Schnaps! Ich brauche einen Schnaps.«

Willi legte seine Arme auf den Tresen und ließ den Kopf darauf sinken.

Weinte er etwa? Rainer kam langsam näher. »Ist wer gestorben?«, fragte er leise und gab Verena, die durch die geöffnete Küchentür schaute, einen Wink mit der Hand, zu verschwinden.

Willi hob den Kopf und blickte Rainer mit geröteten Augen an. »Schnaps! Jetzt!« Er schlug mit der Faust auf das Holz.

Rasch ging Rainer hinter den Tresen, nahm zwei Gläser und eine Flasche Grappa.

Ölig lief die Flüssigkeit in das erste Glas, und noch bevor Rainer sich selbst eingeschenkt hatte, stürzte Willi den Inhalt hinunter.

»Er wird mich fertigmachen«, stöhnte Willi auf. »Noch einen!«

»Wer? Jetzt erzähl endlich.« Rainer goss nach und nippte dann selbst an seinem Glas.

»Paulsen!« Willi strich sich über die wirr abstehenden Haare.

»Der kommt doch erst nächste Woche«, versuchte Rainer ihn zu beruhigen.

»Eben nicht. Heute war er bei mir im Lokal.« Willi seufzte. »Und ausgerechnet da hatte ich kein Lamm mehr, was er natürlich haben wollte.« Willi kippte den Grappa in einem Zug hinunter.

Rainer wurde heiß. Was, wenn Paulsen morgen bei ihm auftauchen würde? Das war zu früh. Er wollte doch noch an der Karte für die Wochenempfehlungen feilen.

»Kapierst du? Es ist aus.« Willi klopfte mit dem Glas auf das Holz.

»Aber du hast ihn dann sicher von etwas anderem überzeugen können, oder?«

»Schweinekrustenbraten … aber danach kam erst recht die Katastrophe.«

»Wieso? Der ist bei dir doch der Renner«, sagte Rainer.

»Nicht für Paulsen. Getobt hat er, weil seiner Meinung nach zu wenig Kümmel dran war.« Willi schluchzte. »Und jetzt will er mich ruinieren. Er ist ein cholerisches Arschloch. Du hättest ihn sehen sollen, wie er das Besteck auf den Teller geknallt und gebrüllt hat.«

Rainer legte tröstend seine Hand auf Willis Arm.

»Und bezahlt hat er auch nicht, als er schimpfend mein Restaurant verlassen hat.«

Mit geballten Fäusten sagte Rainer: »Warum wird so jemand nur als Restaurantkritiker gefeiert, wenn er anscheinend nur im Sinn hat, sich kostenlos durchzufressen? Wenn der bei mir auftaucht, dann bezahlt er auch, egal was er für einen Aufstand macht.«

Nach einigen weiteren Grappas schlurfte Willi betrunken aus dem *Bierkrüglein* und Verena kam mit hängenden Schultern aus der Küche. »Ich habe alles mitgehört, aber vielleicht besucht er uns ja gar nicht«, meinte sie und schmiegte sich an Rainer. »Auf alle Fälle kaufe ich gleich morgen früh Kümmel.«

Das Mittagsgeschäft verlief wie üblich. Hauptsächlich Touristen saßen im Innenhof.

Verena räumte gerade einen der Tische ab, als ein Mann auf sie zutrat. »Hier will ich sitzen.«

»Möchten Sie nicht lieber in der Sonne Platz nehmen?«, fragte sie.

»Sehe ich aus wie ein Tourist auf Urlaub?« Er setzte sich, ohne weiter abzuwarten.

»Ich bringe Ihnen gleich die Karte«, sagte Verena und wandte sich ab.

Stürmisch trat sie in die Küche. »Da draußen sitzt vielleicht ein unfreundlicher Typ.«

Am Herd stehend schaute Rainer auf. »Wo?«

»Am runden Tisch im Schatten.«

Rainer stellte die Pfanne ab, ging zum Küchenfenster und blickte in den Hof. »Scheiße«, flüsterte er. »Hast du dir den Typen genauer angesehen?«

Schulterzuckend kam Verena näher. »Hätte ich sollen?«

»Das ist Paulsen.« Die Schweißtropfen kitzelten Rainer im Nacken. »Los, bring ihm die Karte.« Bitte, lass ihn zufrieden sein, richtete Rainer ein schweigendes Flehen nach oben.

»Du glaubst es nicht!«,Verena pustete sich eine Strähne aus dem Gesicht. »Er will doch tatsächlich Fränkisches Bauernbrot mit Kochkäse, dazu unser Kellerbier.«

Rainer starrte sie an. »Vielleicht hat er einfach nur Hunger und ist nicht als Tester hier.« Ein Hoffnungsschimmer glomm auf.

»Was machen wir?«, fragte Verena. »Sollen wir noch Kümmel direkt an den Käse machen oder stellen wir das Schälchen zum Nachwürzen hin?«

»Bei Willi war es ihm zu wenig Kümmel, aber wer weiß, was so einer im Sinn hat.« Rainer klopfte mit dem Brotschneidemesser auf das Holzbrett. »Wir lassen den Käse, wie er ist, und stellen den Kümmel zum Nachstreuen hin.«

Aufmunternd lächelte Verena ihm zu und griff nach dem Brotkorb und dem Teller mit dem Kochkäse. »Wird schon werden.«

»Lass mich das machen.« Rainer nahm die Sachen und ging hinaus. Die Bedienung Kerstin hatte Paulsen mittlerweile das Bier gebracht und Rainer servierte nun das Gericht. »Falls Sie noch nachwürzen möchten, hier ist ein Schälchen mit Kümmel«, sagte er freundlich. »Guten Appetit«, setzte er nach und wandte sich wieder zur Küche.

»Halt!«

»Bitte?« Rainer drehte sich zu Paulsen.

»Ich erwarte als Gast, dass der Küchenchef nicht auch noch die Würze seinen Gästen überlässt. Nehmen Sie den Kümmel weg!« Er schob das Schälchen über den Tisch. »Oder sind Sie unsicher, wie Kochkäse schmecken soll?«

Rainer zwang sich zu einem Lächeln. Nur jetzt ruhig bleiben. »Selbstverständlich.« Er nahm das Gewürz, ging in die Küche und stellte sich neben Verena an das Fenster.

»Er ist wirklich ein Arschloch«, flüsterte er, griff nach Verenas Hand und drückte sie fest.

Schweigend standen sie einige Minuten und beobachteten, wie Paulsen Butter auf das Brot strich und dann den Kochkäse darauf verteilte.

»Ich glaube, die Gäste am Tisch unter der Eiche möchten noch etwas bestellen. Ich gehe mal hin«, sagte Verena und huschte hinaus.

Rainer blieb weiter am Fenster stehen und sah, wie Paulsen Verena ansprach und sie das Gesicht verzog. Oh weh, da lief was schief. Rainer schluckte.

Mit rotem Kopf kam Verena zurück. »Er will dich sprechen.«

Rainer zupfte den Kragen seiner Kochkleidung zurecht. »Da bleibt mir wohl nichts anderes übrig.« Im Rausgehen nahm er das Kümmelschälchen in die Hand und hielt es hinter seinem Rücken verborgen.

»Sie wollten mit mir reden?«

»Hier«, Paulsen deutete auf seinen Teller, »fehlt Kümmel. Anscheinend haben Sie keine Ahnung, wie man ein so einfaches Gericht zubereitet.«

»Vielleicht erinnern Sie sich daran, dass ich Ihnen zum Nachwürzen welchen angeboten hatte?«

»Glauben Sie, ich wäre altersdement?«, brüllte Paulsen und die Gespräche an den anderen Tischen verstummten. »Sie sind einfach nur unfähig, ein simples Essen gut zuzubereiten.«

Rainer konnte und wollte sich nicht mehr beherrschen. Jetzt war sowieso alles aus. Er nahm seine Hand mit dem Kümmelschälchen nach vorne, schüttete die Körner erst großzügig auf Paulsens Teller und kippte dann den Rest in sein Bier. »Da haben Sie Ihren Kümmel!« Hocherhobenen Hauptes drehte er sich um und ging zur Küche. »Ach ja, und bezahlen werden Sie selbstverständlich auch«, rief er ihm zu.

»Niemals!«, schrie Paulsen ihm hinterher.

»Bist du verrückt geworden?« Panisch starrte Verena ihn an.

»Dieser arrogante selbsternannte Kritiker kann mich mal.« Rainer schob sie zur Seite. »Kümmere dich um die anderen Gäste.«

Verena stapfte hinaus, während Rainer sich seinen Pfannen zuwandte. Soll er doch schreiben, was er will. In ein paar Tagen ist das eh Schnee von gestern.

»Sie ...« Paulsen stand mit hochrotem Kopf im Türrahmen. »Wissen Sie eigentlich, wer ich bin?«

Rainer baute sich breitbeinig vor Paulsen auf und stemmte die Hände in die Hüften. »Ja, und glauben Sie, dass Sie sich deshalb alles erlauben können?«

»Was habe ich mir denn schon erlaubt? Nichts rechtfertigt, dass Sie mir Kümmel ins Bier schütten. Ich lasse mich nicht in aller Öffentlichkeit beleidigen.« Paulsens Adern traten pulsierend an der Schläfe hervor.

»Ich habe keine Zeit, mich mit einem Möchtegernkritiker, der sich kostenlos durchfrisst, abzugeben. Da kümmere ich mich lieber um meine zahlende und zufriedene Kundschaft.« Rainer ging zum Herd, schwenkte die Pfanne, drehte sich zur Arbeitsplatte und schnitt Brot.

»Sie Ignorant!«, brüllte Paulsen, stürmte auf ihn zu und schubste ihn zur Seite.

Rainer ballte die Faust um den Messergriff. »Was soll das?« Langsam wandte er sich Paulsen zu.

Dieser blickte hektisch zwischen dem Brotmesser in Rainers Hand und der Pfanne auf dem Herd hin und her. »Wie können Sie es wagen, mich zu bedrohen?« Mit einem Schritt zur Seite näherte sich Paulsen der Pfanne.

»Mein Restaurant, meine Küche!«, schrie Rainer. »Und jetzt«, er hob das Messer. »Raus aus meinem Haus!«

Rainer sah, wie Paulsen den Pfannenstiel schnappte. Noch bevor er ausweichen konnte, traf ihn die Pfanne am Kopf und das Letzte, was er bemerkte, war, wie die heiße Soße brennend seinen Hals entlang lief, bevor er auf der Herdkante aufschlug.

»Was ist hier los?« Verena stürmte an Paulsen vorbei, der die Pfanne scheppernd auf den Boden fallen ließ.

»Das ... das wollte ich nicht«, stotterte Paulsen.

»Notarzt, ruf doch einer den Notarzt!«, schrie Verena den mittlerweile in der Küchentür stehenden Gästen zu, bevor sie heulend den leblosen Rainer schüttelte.

Kurze Zeit später führte die herbeigerufene Polizei Paulsen ab.

»Ich habe der Frau eine Beruhigungsspritze gegeben«, sagte der Arzt zum Kommissar.

»Und alles nur wegen ein bisschen Kümmel«, flüsterte Verena und sah dem Blechsarg nach, der rausgetragen wurde.

*

Fränkischer Kochkäse

Zutaten

500 g Magerquark (möglichst reif)
1 gestrichener Esslöffel Natron
Salz
Kümmel
2 bis 3 Esslöffel Butter
1 Eigelb

Zubereitung

Den Quark sehr gut abtropfen lassen
mit Natron in einem Topf sehr langsam unter ständigem Rühren erwärmen (bis max. 40 °C), aber nicht kochen lassen.
So bald der Quark glasig wird, vom Herd nehmen.
Salz, Butter, Kümmel und Ei unterrühren.
In eine nicht allzu hohe Schüssel füllen und abkühlen lassen.

Schmeckt hervorragend zu frischem Schwarzbrot oder Baguette.

Ursula Schmid-Spreer

Treffen mit Schorsch

(Ansbach)

Emma tauchte den Finger in das Weihwasserbecken, schlug ein Kreuz und machte einen Knicks.

»Verzeih mir«, flehte sie leise. »Bitte.«

Jeden Tag ging sie in die Ansbacher Ludwigskirche. Sie hielt sich gerne hier auf. Inbrünstig betete sie zur Heiligen Maria.

»Du bist doch auch eine Mutter!« Sie warf der Marienfigur einen letzten Blick zu. Ihr gefiel die Kirche, einfach, schlicht. Emma ging auf die Freitreppe zu, schenkte dem zweigeschossigen Glockenturm einen Blick und seufzte tief.

Zwanzig Jahre waren eine lange Zeit. Seit zwanzig Jahren wurde ihr Sohn Georg vermisst. Schorschi, wie sie ihn liebevoll nannte. Ein sonniges Kind, das immer gelacht hatte. In der Schule tat er sich ein bisschen schwer, besonders das Lesen machte ihm zu schaffen. Eines Tages wollte er nicht mehr mit ihr üben. Seine Freunde würden das jetzt übernehmen. Die Wochenenden verbrachte er irgendwo; sie fanden keinen Zugang mehr zu ihm. Er entglitt. Selbst sein Lieblingsessen, das sie gerne für ihn kochte, *Saure Zipfel,* reizte ihn nicht mehr.

Eines Tages kam er gar nicht mehr nach Hause. Das Letzte, das Emma und ihr Mann Sigfried hörten, war: »Er treibt sich bei den Obdachlosen herum.« Ein anderer Bekannter meinte: »Frau Lenz, ich habe Ihren Schorschi unten an der Riviera gesehen, da, wo das *Gschwaddl* rumhängt.«

Das machte sie sehr traurig. Wie mochte ihr Sohn jetzt wohl aussehen? Die anderen sind schuld, sie haben Schorschi verführt! Und er konnte sich nicht wehren. Schnell schüttelte Emma die düsteren Gedanken ab. Sie wandte sich Richtung Karlsplatz. Ein zaghaftes Lächeln umspielte jetzt ihren Mund. Es versprach ein sonniger Tag zu werden.

»Meine Liebe, ich habe heute besonders große Zwiebeln auf dem Markt erstanden. Sie riechen gar nicht so stark!« Sigfried wischte sich die Hände an der Schürze ab. »Ich habe mir gedacht, wir probieren es mal mit Apfelessig. Der Sud bekommt dann eine fruchtige Note.«

»Ach, Sigfried, deine *Sauren Zipfel* sind einfach die allerbesten.«

»Dann mache ich mich mal an die Arbeit, Emmachen. Die Bratwürstl werde ich heute in Essig einlegen und noch einen Schuss Weißwein dazugeben. Wo sind die Wacholderbeeren?«

»Ich habe mein Gewürzregal neu sortiert. Schau, hier sind die Lorbeerblätter, die Beeren, die Nelken und der Majoran. Soll ich dir beim Zwiebelschneiden helfen?«

»Das wäre nett, Emma. Dann ist für morgen alles vorbereitet. Aber jetzt lass uns ein Gläschen Wein trinken.«

Die beiden sahen sich liebevoll an. Vierzig Jahre Gemeinsamkeiten und auch Sorgen um den Sohn schweißten zusammen. Später saßen beide gemütlich auf dem Sofa und lasen Zeitung. Sigfried zuerst den Sportteil, Emma das Feuilleton.

»Hör mal, Sigfried. Sie haben schon wieder einen Toten an der Rezat gefunden. Unter dem Rivierasteg.«

»Lies vor!«

»In den frühen Morgenstunden wurde *An der Riviera* ein etwa 50-jähriger Mann tot aufgefunden. Es handelt sich um den Obdachlosen Peter W. Er lebte seit vielen Jahren auf der Straße und war den Polizeibehörden bekannt. Es ist bereits der dritte Tote innerhalb eines halben Jahres, den Passanten an der Rezat gefunden haben. Alle drei hatten keinen festen Wohnsitz und waren der Obdachlosen- und Drogenszene zuzuordnen. Die Polizei ermittelt.«

Sigfried schüttelte den Kopf. »Die armen Menschen! Es muss schlimm sein, kein Zuhause zu haben. Wie schön, dass wir diesen Bedauernswerten immer helfen.«

Am nächsten Tag deckte Emma liebevoll den Tisch. Sie nahm ihr bestes Geschirr. Faltete die Damast-Servietten zu einer schönen Blume, polierte das Besteck.

Die Zwiebel waren weich gekocht, in der Küche roch es würzig. Sie nahm die Butter aus dem Kühlschrank. Zu den *Sauren Zipfeln* sollte es dunkles Bauernbrot geben. Sie freute sich auf das Festmahl.

»Alles ist fertig, jetzt könnten sie eigentlich kommen«, murmelte Emma. Sie zupfte hier noch an der Tischdecke, richtete die Fransen an der Tagesdecke und verstärkte den Knick im Sofakissen. Sie hörte, wie sich ein Schlüssel im Schloss drehte.

»Guten Tag! Herzlich willkommen, junger Mann! Das ist aber schön, dass Sie da sind. Nehmen Sie Platz. Das Essen ist schon fertig. Tag, mein Lieber.« Sie warf Sigfried eine Kusshand zu.

»Ich habe ihn an der Ludwigskirche getroffen. Er lehnte an der Rundsäule«, sagte Sigfried. Der Mann sah sich um. Schüchtern wischte er sich die Hände an seinem abgeschabten Sakko ab.

»Möchten Sie nicht ablegen?«

Der Mann schüttelte entsetzt den Kopf, drückte die Plastiktüte, die er trug, fest an sich. Seine langen, filzigen Haare fielen ihm ins Gesicht. Die Fingernägel waren schmutzig. Ein dunkler Bart, der in seinem Gesicht wucherte, verlieh ihm ein grimmiges Aussehen.

»Setzen Sie sich doch bitte. Nehmen Sie Brot, hier ist Butter, bitteschön. Ein Bier?«

Emma eilte geschäftig in die Küche, nahm die Terrine, die auf einer Wärmeplatte stand. Behutsam füllte sie den Teller bis an den Rand.

»Das ist ein *Saure-Zipfel-Süppchen*. Sehr delikat. Eine Spezialität hier in Ansbach. Ich habe die Zwiebel erst in Olivenöl angebraten und dann in Hühnerbrühe gekocht. Dann durchpassiert und zum Schluss noch mit etwas Sauerrahm verfeinert. Fertig.«

Aufmunternd zwinkerte Emma. In den Augen des Mannes blitzte es kurz auf, gerade so, als wenn er sich an etwas erinnere, das sehr weit in seiner Vergangenheit gewesen sein musste. Vorsichtig tauchte er den Löffel ein. Fast andächtig führte er die Suppe zum Mund. Immer schneller, immer schneller, bis sie aufgegessen war.

»Wie schön, Sigfried. Es schmeckt ihm.« Emma nahm den Suppenteller fort, ging in die Küche, nahm eine weitere Terrine, die sie auf ein Holzbrettchen stellte.

»Saure Zipfel, auch sehr lecker. Die Bratwürstchen haben wir in einen Apfelessigsud mit Nelken und Lorbeerblättern eingelegt. Nehmen Sie Brot dazu. Dunkles Bauernbrot. Fein ist das. Lassen Sie es sich schmecken! Guten Appetit.«

Der Mann aß nicht, er schlang. Emma und Sigfried sahen ihm zu. Beide lächelten freudig, aßen aber selbst nichts.

»Sind Sie satt, mein Junge? Mögen Sie noch etwas?« Sigfried griff zum Schöpflöffel, doch der Mann winkte ab. Er nahm einen kräftigen Schluck vom Bier. Rülpste. Wischte sich mit der Hand über den Mund.

»Jetzt müssen Sie leider gehen«, sagte Emma. »Wir freuen uns, wenn es Ihnen geschmeckt hat. Vielleicht so wie früher«, flüsterte sie ganz leise.

Sie zog den Mann am Ärmel und schubste ihn zur Türe hinaus. »Sigfried begleite ihn bitte bis zum Ende der Promenade, da, wo sie in die Residenzstraße mündet.«

Als Sigfried zurückkam, räumte Emma gerade die Küche auf.

»Es hat ihm geschmeckt«, sagte sie glücklich.

Am übernächsten Tag blätterten Sigfried und Emma beim Frühstück in der Zeitung. Er las den Sportteil, sie das Feuilleton. Dann griff sie zum Heimatteil. Emma setzte die Tasse heftig ab, sodass der Kaffee herausschwappte.

»Sie haben wieder einen Toten an der Rezat gefunden.«

Stockend begann sie zu lesen:

»In den frühen Morgenstunden, auf dem Weg zur Arbeit, sah der Bäcker Fritz K. eine reglose Gestalt liegen, als er den Rivierasteg überquerte. Der herbeigerufene Notarzt konnte nur noch den Tod feststellen. Der Mann ist dem Obdachlosenmilieu zuzuordnen und dort unter dem Namen Schorschi bekannt. Wer kennt den Mann? Er trug eine Armkette, in der dieser Name eingraviert war.«

Emma ließ die Zeitung sinken. Weinend fielen sich die beiden in die Arme, hielten sich so fest, als wenn sie sich nie wieder loslassen wollten. »Wenigstens hat er gut gegessen und ist mit vollem Magen gestorben.«

*

Saure Zipfel nach fränkischer Art

Zutaten

2 kleine Karotten
1 kleine Sellerieknolle
1 Petersilienwurzel
3 große Zwiebeln
¾ Liter Wasser
180 ml Apfelessig
1 Lorbeerblatt
1 TL getrockneten Majoran
einige Körner Pfeffer
2 Wacholderbeeren
1 Prise Salz
12 rohe Nürnberger Bratwürste, am besten frisch vom Metzger
1 Bund Schnittlauch

Zubereitung

Das Gemüse in Stifte, die Zwiebeln in Ringe schneiden. Wasser und Essig in einem großen Topf erhitzen. Lorbeerblatt, Majoran, Pfefferkörner, Wacholderbeeren und das Gemüse in den leicht köchelnden Sud geben und ca. 20 Minuten köcheln. Danach leicht salzen. Wenn der Sud richtig am Verkochen ist, den Topf von der Platte nehmen und die Bratwürste hineinlegen. Die Würste dürfen nicht kochen, sondern nur im Sud ziehen. Wenn die Würste sich fest und durchgezogen anfühlen, sind sie gar.

Die Bratwürste in viel Sud in einem Suppenteller servieren. Den Schnittlauch fein schneiden und darüber geben. Dazu frisches Bauernbrot reichen.

Die Bratwürste über Nacht in etwas Apfelessig einlegen und zum Kochsud noch einen Schuss fränkischen Weißwein geben, der ideal als Tafelwein zu diesem Essen passt; so wird es noch etwas saurer und noch deftiger.

Saure Zipfel–Süppchen

Zutaten
15 Nürnberger Rostbratwürste
1 EL Olivenöl
2 Zwiebeln
500 ml Wasser
500 ml Geflügelbrühe
2 EL Salz
2 EL Zucker
6 Wacholderbeeren
15 weiße Pfefferkörner
25 Senfkörner
2 Lorbeerblätter
6 EL Essig
1 Zitronen
2 EL feine Schnittlauchröllchen
2 EL Sauerrahm
Butter, Schwarzbrot

Zubereitung
Die Zwiebeln schälen, in Ringe schneiden. Das Olivenöl erhitzen, Zwiebel darin glasig anschwitzen, mit dem Wasser, der Geflügelbrühe auffüllen und einmal aufkochen lassen. Den Sud fein passieren und mit dem Sauerrahm aufmixen.
Nun die Rostbratwürste, Salz und Zucker zugeben, die restlichen Gewürze in ein Tee-Ei geben, auf kleiner Flamme für einige Minuten in der Suppe ziehen lassen. Danach Gewürze entfernen und evtl. noch mit Essig und Zitronensaft abschmecken.
In einen tiefen, warmen Teller vier Rostbratwürstchen legen. Den aufgeschäumten Sud angießen, wer mag mit Schnittlauch und Brotcroutons garnieren.

Das Schwarzbrot in kleine Stücke brechen, nun Butter in einer Pfanne aufschäumen lassen, das Brot zugeben und bei mittlerer Hitze knusprig braten.

Josef Rauch

Kriminelles Dinner

(Fürth)

Missmutig zupfte ich meinen schlecht sitzenden, schwarzen Frack zurecht, der mich als hochadeligen englischen Lord auswies.

»Also gut, Miss Marplinger. Sie haben mich überführt. Ich gestehe, dass ich den Gärtner ermordet habe. Und jetzt werde ich Ihnen verraten, wie es mir gelang, ihn in einem von innen verschlossenen Raum zu töten.«

Frau Gaulstall grinste mich triumphierend an – und dafür hasste ich sie.

Ich hasste sie nicht dafür, dass sie mich, mit einem Margaret-Rutherford-Gedächtnis-Kostüm als Detektivin verkleidet, gerade als kaltblütigen Mörder geoutet hatte, denn schließlich war das Ganze nur ein Spiel.

Ich hasste sie auch nicht dafür, dass sie beschlossen hatte, auf den Trend-Zug der Krimi-Dinner, die wie Pilze aus dem Boden schossen, aufzuspringen und in ihrer miesen kleinen Spelunke in der Fürther Blumenstraße selbst eines anzubieten. Wir leben in einem freien Land, und jeder, der möchte, darf ein eigenes Krimi-Dinner inszenieren.

Ich hasste sie noch nicht einmal dafür, dass sie sich neuerdings als Reinkarnation von Agatha Christie betrachtete und sich nach der abgeschlossenen Lektüre aller achtzig Romane der Grande Dame der Kriminalliteratur nun offenbar berufen fühlte, deren Nachfolge anzutreten und selbst Kriminalliteratur zu schreiben – beginnend mit dem Stück, das gerade aufgeführt wurde.

Wofür ich sie tatsächlich hasste, war der Umstand, dass sie mich mit erpresserischen Methoden dazu gezwungen hatte, bei ihrem Krimi-Dinner als Schauspieler mitzuwirken.

»Es gibt zwei Möglichkeiten«, hatte sie erklärt, als sie vor ein paar Tagen durch die Tür mit der Aufschrift »Philipp Marlein – Private Ermittlungen« in mein Büro, das im ersten Stock direkt über ihrer Gaststätte lag, marschiert war. »Entweder Sie zahlen mir jetzt auf der Stelle die Mieten, mit denen Sie seit einem halben Jahr im Rückstand sind, oder Sie beginnen, Ihre Schulden abzuarbeiten, indem Sie als Mörder in dem von mir verfassten Krimi-Dinner mitspielen, das ich meinen Gästen nächste Woche anbieten werde.«

Möglichkeit eins hatte sich mangels Liquidität meinerseits als nicht praktikabel erwiesen. So stand ich also nun da, angestarrt von etwa zwanzig Augenpaaren, die mich um das finale Geständnis und die große Auflösung regelrecht anbettelten. Allerdings bettelten sie weniger um die Befreiung von unerträglicher Spannung, sondern eher um die Beendigung tödlicher Langeweile.

Was das Kulinarische betraf, hatte sich Frau Gaulstall tatsächlich ordentlich ins Zeug gelegt und überraschenderweise zu ungeahnten Höhen aufgeschwungen. Sie hatte der sonstigen Einfachheit und Monotonie ihrer Speisekarte an diesem Abend abgeschworen und ein exquisites Drei-Gänge-Menü aufgetischt, dessen Prunkstück gebackene und mit einem leckeren Bierteig ummantelte Karpfenfilets nach fränkischer Art waren.

So hoch ihr Aufstieg an diesem Abend als Köchin war, so tief war aber auch ihr Fall als Krimi-Autorin. Während das Essen tatsächlich mundete, erwies sich das Stück, das zwischen den einzelnen Gängen zur Aufführung kam, als grottenschlecht, und der Plot als so dünn wie eine Krankenhaussuppe. Auf dem englischen Landsitz Gut Baskerville war der Gärtner ermordet worden. Es gab nur einen einzigen Verdächtigen, den Gutsherrn Lord Chesterton, weswegen sein Outing als Mörder dann doch nicht die ganz große Überraschung darstellte. Das Motiv für den Mord – der Gärtner hatte eine von ihm neugezüchtete Rosensorte nach Lord Chestertons Ehegattin benannt – mochte Frau Gaulstalls Vorstellungen von Romantik und Melodramatik entsprechen, riss die eingefleischten Krimifans aber ebenfalls nicht vom Hocker. Und auch die Auflösung des Locked-Room-Mystery, das ich nun als krönenden Abschluss des Krimi-Dinners lieblos runterleierte, war unterirdisch: Ich hatte den Gärtner durch das geöffnete Fenster erwürgt und dieses dann mit technischen Tricks von außen verschlossen.

Als ich fertig war, wurde vereinzelt verhalten geklatscht. Das Publikum rekrutierte sich aus Stammgästen, die es nicht gewagt hatten, Frau Gaulstalls Einladung abzulehnen – aus Angst, sie würde ihnen ansonsten ihre Stammtisch-Privilegien entziehen.

Frau Gaulstall alias Miss Marplinger legte die echte Pistole, die sie sich von mir ausgeliehen hatte, um damit in ihrer Rolle als Detektivin den Mörder in Schach zu halten, auf die Theke. Dann trat sie neben mich, um das Krimi-Dinner mit einer Schlussansprache offiziell zu beenden. Ihre Stimme bebte vor Stolz.

»Meine sehr verehrten Herrschaften, damit sind wir am Ende dieser Veranstaltung angelangt. Ich bin sicher, dass Sie einen spannenden Abend hatten und freue mich schon auf das nächste Krimi-Dinner mit Ihnen. Bedanken möchte ich mich ganz herzlich bei meinen beiden Mitspielern. Herr Privatdetektiv Philipp Marlein, der seine Rolle als mörderischer Lord Chesterton bravourös gemeistert hat, steht ja schon vor Ihnen. Und jetzt endlich darf ich auch unser Opfer, Herrn Dimitri Ostapenko, zu uns auf die Bühne bitten.«

Der arme Dimitri, ein Kasache, der im zivilen Leben als Küchenhelfer für Frau Gaulstall arbeitete, war tatsächlich in doppelter Hinsicht ein Opfer. Zum einen, weil er in Frau Gaulstalls Stück die tragende Rolle des Mordopfers übernommen hatte. Er lag zu Beginn des Dinners regungslos – weil niedergemetzelt – auf dem Boden. Die schauspielerische Leistung, die ihm diese Figur abverlangte, bestand darin, dass er dies drei Stunden lang tun musste, bis zum Ende der Aufführung. Ich hatte Frau Gaulstall vorgeschlagen, dass man dafür auch eine Puppe verwenden könnte, doch sie hatte abgelehnt mit der Begründung, dass sie eine »authentische und naturrealistische Inszenierung« wünsche (sie musste irgendeinen Schmöker über Dramaturgie gelesen haben, sonst hätte sie nicht mit solchen Fremdwörtern um sich werfen können). Und zum anderen war Dimitri auch ein Opfer der ungeahnten kriminellen Energie von Frau Gaulstall geworden, denn er hatte, wie ich, die Einladung zur Schauspielerei zunächst dankend abgelehnt, war dann aber ebenfalls mit mehr oder weniger sanftem Druck von seiner Arbeitgeberin zur Mitwirkung genötigt worden – mit dem schlichten Hinweis, dass sie bei einer Weigerung die Ausländerbehörde einschalten und sie um eine genaue Überprüfung seiner Aufenthaltsgenehmigung für Deutschland ersuchen würde.

»Dimitri! Bitte kommen Sie jetzt zu uns!«

Frau Gaulstalls Stimme hatte alles Flötende verloren und klang jetzt ungeduldig und schneidend.

Aber Dimitri kam nicht.

Wahrscheinlich war er eingeschlafen.

Ich ging zu ihm. Dimitri lag immer noch am Ende der Theke auf dem Boden, wo er sich vor drei Stunden, kurz vor Eintreffen der ersten Gäste, platziert hatte.

Ich kickte ihm mit dem Fuß in den Rücken.

»Aufwachen, Dimitri! Die Show ist zu Ende. Das Publikum will deine schauspielerische Glanzleistung mit stehenden Ovationen feiern.«

Doch Dimitri machte keine Anstalten, sich zu erheben. Ich kniete zu ihm nieder. Ich drehte ihn ein bisschen und sah den großen roten Fleck auf seiner Brust. Ich versuchte, seinen Puls zu fühlen. Dann erhob ich mich ganz langsam, ging zur Theke, nahm meine Knarre in die Hand und richtete sie auf das Publikum.

»Okay, Leute. Keiner verlässt den Raum. Und keine falschen Bewegungen.«

Frau Gaulstall sah mich pikiert an.

»Aber Herr Marlein, was ist denn in Sie gefahren? Wir sind doch schon fertig!«

Meine Stimme zitterte leicht.

»Genau, wir sind fertig. Jetzt ist Schluss mit lustig. Dimitri ist tot. Er wurde *wirklich* getötet. Das ist kein Spiel mehr. Wir haben jetzt einen *echten* Mord!«

Entsetzen im Publikum, ein schriller Schrei von Frau Gaulstall.

»Dimitri! Um Gottes Willen!«

Sie wollte zu der Leiche stürzen. Ich hielt sie zurück.

»Nein, nichts berühren. Wir dürfen keine Spuren verwischen.«

Ich ließ meinen Blick über das Publikum schweifen. Zehn wohlbekannte Zechbrüder mit ihren Ehefrauen, die mich alle fassungslos anstarrten.

»Dimitri Ostapenko wurde im Laufe der vergangenen drei Stunden ermordet. In dieser Zeit hat niemand den Raum verlassen und ist auch niemand neu hinzugekommen, wir sind eine geschlossene Gesellschaft. Das heißt, der Mörder ist einer der hier anwesenden Personen.«

Ein Raunen ging durch die Gaststube.

»Ich werde gleich die Polizei rufen, aber zuvor werde ich in meiner Profession als Privatdetektiv ein paar erste Ermittlungen durchführen.«

Ich wackelte ein bisschen mit meiner Kanone, um meinem Autoritätsanspruch als Ermittler Nachdruck zu verleihen.

»Dimitri wurde offenkundig erstochen. Also muss innerhalb der letzten drei Stunden irgendjemand zu dem am Boden liegenden Dimitri hingegangen sein. Und ich möchte jetzt von Ihnen wissen, wer einen solchen Vorgang beobachtet hat.«

Längeres Schweigen. Dann hob ein Mann seine Hand, wie in der Schule.

»Niemand von uns war bei dem Herrn am Boden. Wir konnten ja gar nicht, weil doch dieses Absperrband dazwischen ist.«

Frau Gaulstall hatte sich tatsächlich breite, rot-weiß gestreifte Bänder mit der Aufschrift »Police – Do not cross« besorgt und mehrere Reihen davon quer durch die Gaststube gezogen, um damit einen Platz vor der Theke als Bühne abzutrennen. Soweit ich es mitbekommen hatte, hatte es tatsächlich keiner der Gäste gewagt, diese Absperrung zu überwinden.

Ich räusperte mich.

»Aber Fakt ist, dass Dimitri ein Messer in die Brust gerammt wurde. Das Messer kann auch nicht geworfen worden sein, da es wieder aus der Brust gezogen und entfernt worden ist. Irgendjemand muss bei Dimitri gewesen sein, und dieser Jemand ist sein Mörder.«

Ein paar Personen tuschelten miteinander. Dann meldete sich eine Frau, verschüchtert, zaghaft.

»Die einzige Person, die wir bei dem Mann am Boden gesehen haben, war … Frau Gaulstall.«

Eine andere stimmte mit festerer Stimme ein.

»Ja, nach dem Hauptgang, vor Beginn des dritten Aktes, ist sie zu ihm hingegangen und hat sich über ihn gebeugt.«

Eine dritte fügte hinzu, im Brustton der Überzeugung: »Stimmt, das habe ich auch gesehen! Wir haben uns noch gefragt, was sie da wohl macht.«

Ich wandte meine Pistole vom Publikum ab und richtete sie auf Frau Gaulstall.

Sie wurde leichenblass.

»Aber Herr Marlein – was soll denn das? Ich bin nur zu Dimitri, um ihn zu fragen, ob alles in Ordnung ist. Das wissen Sie doch! Sie glauben doch nicht etwa, dass ich ...?«

»Ich glaube gar nichts. Ich halte mich nur an die Fakten. Fakt ist, dass die Person, die zuletzt Kontakt mit Dimitri hatte, ihn umbrachte. Und die zahlreich versammelten Zeugen haben übereinstimmend erklärt, dass *Sie* diese Person waren.«

Ich wandte mich ans Publikum.

»Der Fall ist aufgeklärt. Sie können jetzt nach Hause gehen. Seien Sie aber darauf gefasst, dass Sie in den nächsten Tagen Besuch von Polizeibeamten erhalten, die Ihnen noch einige Fragen stellen und Ihre Aussagen aufnehmen werden.«

Die Meute trollte sich in Windeseile und einige Minuten später befanden sich nur noch Frau Gaulstall, Dimitris Leiche und ich im Raum. Ich hielt meine Waffe weiterhin auf die Mörderin gerichtet.

Frau Gaulstall war immer noch weiß wie die Wand. Sie rang nach Worten.

»Herr Marlein ... das kann doch alles nicht Ihr Ernst sein ... ich bin entsetzt ...«

»*Ich* bin entsetzt, Frau Gaulstall. Ich wusste, dass Sie und Dimitri sich nicht besonders gut vertragen – aber dass Sie zu einem Mord fähig sind? Ich frage mich, was für ein Motiv Sie für diese blutige Tat hatten. Naja, die Bullen werden es schon herausfinden. Zeit, sie endlich zu verständigen.«

Ich zog mein Handy aus der Manteltasche und wählte eine Nummer. Dann sagte ich laut und deutlich: »Okay, jetzt ist die Show wirklich zu Ende.«

Augenblicklich kam Bewegung in Dimitris leblosen Körper. Er stand lächelnd auf.

Ich nickte anerkennend.

»Großes Kino, Herr Ostapenko. Das war eine echt beeindruckende Vorstellung. Alle haben dir abgenommen, dass du wirklich tot bist.«

Dimitri gesellte sich zu mir, nahm ein Tuch von der Theke und wischte sich den Ketchup von der Brust.

Herausfordernd grinsten wir Frau Gaulstall an.

Es dauerte eine Weile, bis sie ihren offenstehenden Mund wieder zubekam. Dann verengten sich ihre Augen zu Schlitzen, und aus diesen Schießscharten wurden giftige Pfeile in Form von wütenden Blicken auf uns abgeschossen.

»Ich denke, Sie sind mir eine Erklärung für diese Eskapade schuldig, meine Herren.«

Ich nickte.

»Eine Protestaktion, Frau Gaulstall.«

»Eine Protestaktion? Und wogegen protestieren Sie, wenn ich fragen darf?«

»Sie dürfen. Gegen Nötigung und gegen Zwangsarbeit.«

»Nötigung und Zwangsarbeit?«

»Ja. Sie haben uns beide gegen unseren Willen dazu gezwungen, bei Ihrem Krimi-Dinner mitzuspielen, obwohl wir uns als Schauspieler so wohl fühlen wie Fische in der Wüste. Und deshalb haben wir beschlossen, Ihnen mit unserer fingierten Zusatzinszenierung eines echten Mordes eine kleine Lektion zu erteilen. Wir haben nämlich den Spieß einfach umgedreht. So wie Sie uns in unsere Rollen gedrängt haben, haben wir am Ende Sie in eine Rolle gedrängt, die Ihnen sicher überhaupt nicht behagt hat, nämlich in die einer echten Mörderin. Sie sollten am eigenen Leib spüren, wie sich das anfühlt.«

Es folgten einige Minuten des Schweigens, in denen man nur das Rattern der Räder in Frau Gaulstalls Gehirn hörte, bis schließlich ihr Mund das Ergebnis ihres Denkprozesses ausspuckte.

»Eigentlich sollte ich Ihnen beiden für diese Unverschämtheit umgehend kündigen. Ihnen, Herr Marlein, das Büro, und Ihnen, Herr Ostapenko, die Stelle.«

Dimitri und ich verzogen keine Miene. Wir hatten bei der Planung unseres Streiches diese Konsequenz billigend in Kauf genommen. Es gab sicherlich noch andere – und bessere – Büroräume und Küchenhelferjobs auf dieser Welt.

»Aber ich verzeihe Ihnen noch einmal, denn Ihre Aktion hat mich auf eine geniale Idee gebracht. Ein Krimi muss zum Schluss eine völlig überraschende Wendung nehmen, wenn er die Leute begeistern soll. Genau dieses Element hat meinem Stück noch gefehlt. Dass Lord Chesterton der Mörder ist, ist tatsächlich viel zu durchsichtig. Aber dass sich am Ende die Detektivin Miss Marplinger als Mörderin entpuppt, ist *der* Knaller und *die* Pointe, die mein Stück zu einem Klassiker machen wird. Wir werden das künftig immer so aufführen. Und als Zeichen meiner Dankbarkeit, dass Sie zu dieser Verbesserung beigetragen haben, dürfen Sie beide weiter bei mir arbeiten – und weiter bei meinen Krimi-Dinnern mitspielen.«

Sprach's und verschwand in der Küche.

Dimitri und ich sahen uns an.

Dann blickte Dimitri auf meine Knarre, die ich immer noch in der Hand hielt.

Ich wusste, was er dachte. Ich schüttelte den Kopf.

»Nein, Dimitri, Mord ist keine Lösung.«

Schade eigentlich, überlegte ich noch. Frau Gaulstall hatte sich zwar sowohl für die Rolle der Detektivin als auch für die Rolle der Mörderin als untauglich erwiesen – doch als Leiche konnte ich sie mir gerade wunderbar vorstellen …

*

Fränkische Karpfenfilets im Bierteig

Zutaten
4 Karpfenfilets (je 300g)
1 Zitrone und Zitronenscheiben
150g Mehl und zusätzlich Mehl zum Wenden
2 Eier
100 ml Bier
Salz, Pfeffer, Fett, Petersilie

Zubereitung
Die Karpfenfilets abwaschen und mit Küchenpapier trockentupfen; dann salzen, pfeffern und mit Zitronensaft beträufeln; danach 15 Minuten ziehen lassen.
Die Eier aufschlagen und Eigelb und Eiweiß trennen.
Das Mehl mit dem Bier, dem Eigelb und etwas Salz verrühren, dann den so entstandenen Bierteig etwa 15 Minuten quellen lassen.
Das Eiweiß steif schlagen und unter den Bierteig mischen.
Die Karpfenfilets in Mehl wenden, durch den Bierteig ziehen, in eine Pfanne mit heißem Fett geben und darin ausbacken, bis sie goldbraun sind.
Filets herausnehmen und auf Küchenpapier abtropfen lassen.
Mit Zitronenscheiben und Petersilie garniert servieren.

Ingrid Werner

Probewohnen

(Erlangen)

»Bitte helfen Sie mir!« Eine junge Frau glitt neben Hartmut auf die Parkbank. Sie legte ihre Hand auf den Ärmel seines Popelinemantels und ein Blick aus blauen Augen flog über sein Gesicht. Rasch wandte sie sich wieder um. »Ich werde verfolgt.«

»Du meine Güte. Von wem?« Hartmut ließ die *Erlanger Nachrichten* sinken. Gerade hatte er den Artikel über die Studentin gelesen, die vor zwei Monaten verschwunden war. Gestern wurde sie von Anglern aus der Regnitz gefischt. Das war schon die vierte Tote dieses Jahr. Die Polizei bat die Bevölkerung um Mithilfe.

Im Schlosspark begann es zu dämmern. Es raschelte in den Büschen neben ihnen. Die Frau rückte näher an Hartmut heran und ergriff nun auch mit der anderen Hand seinen Arm. Er spürte, dass sie zitterte.

»Die Typen dahinten.« Sie verstummte.

Langsam drehte sich Hartmut um und blickte den Kiesweg in Richtung Universitätsgebäude hinunter. Er sah zwei junge Burschen, vielleicht Anfang zwanzig und nicht viel älter als das Mädchen neben ihm, die sich in den Schatten einer Linde drückten. Einer trug eine grüne Kappe verkehrt herum auf dem Kopf, das Kinn des anderen zierte ein Ziegenbärtchen. Das konnte Hartmut zweifelsfrei erkennen. Sein Sehvermögen war noch tadellos.

»Haben die beiden Ihnen Angst eingejagt?« Hartmut musterte ihr hübsches Gesicht und ließ seinen Blick über ihre zarte Figur gleiten. Dann fasste er einen Entschluss. Er raffte die Zeitung zusammen, steckte sie in die Manteltasche und griff nach seinem Spazierstock. »Dagegen gibt es nur eins: Lassen Sie uns aufbrechen, gnädiges Fräulein.« Er erhob sich und reichte ihr galant seine Hand.

Für eine Sekunde spiegelte sich Belustigung in den Gesichtszügen des Mädchens. Diese wich allerdings sofort wieder der angespannten Ängstlichkeit, als das johlende Lachen der Männer zu ihnen drang.

»Ja, bitte«, sagte sie und stand schnell auf.

Doch Hartmut hielt nichts von übertriebener Eile. So konnte man das Tempo gemächlich nennen, als beide den Park verließen und die Krankenhausstraße entlangspazierten. Das Mädchen sah immer wieder zurück. Hartmut ahnte, dass die junge Frau es vorziehen würde, schneller voranzukommen. Jedoch: Ein Gentleman rannte nicht.

»Wohnen Sie hier in der Nähe?«, fragte sie.

Sie hatte sich bei ihm eingehängt und überragte ihn um Haupteslänge.

»Ich muss vom Maximiliansplatz aus ein Stück mit dem Bus fahren«, antwortete er. »Wollen Sie jetzt nicht lieber nach Hause gehen? Die beiden haben sich bestimmt inzwischen einen anderen Zeitvertreib gesucht.«

Wie um seine Worte Lügen zu strafen, hörten sie einen langgezogenen Pfiff hinter sich. Das Mädchen grub seine Fingernägel in Hartmuts Arm und drehte sich um.

»Da sind sie wieder«, flüsterte es und zog Hartmut weiter.

Ihr zuliebe versuchte er, sich ihrer Geschwindigkeit anzupassen. Allerdings war er schon einundsiebzig und sein Körper ließ ihn das bisweilen spüren. »Nicht so schnell, mein Kind«, keuchte Hartmut. »Ich muss gestehen, ich bin nicht mehr der Jüngste.« Er hielt an und beugte sich über seinen Stock.

»Aber die Typen. Sie kommen näher!«, rief sie. Sie schien sich nicht sicher zu sein, ob sie auf seinen Schutz vertrauen oder doch lieber wegrennen sollte.

Hartmut tätschelte ihre Hand. Allmählich normalisierte sich sein Atem wieder. »Hier werden sie uns nichts tun.« Er zeigte auf die Passanten, die im Feierabendverkehr an ihnen vorüberhasteten. »Hier sind zu viele Leute.«

Trotzdem beeilten sich die beiden beim Überqueren der Straße. Die Haltestelle kam in Sicht und wenn sie Glück hatten, musste jeden Moment ein Bus kommen. Die Jungs jedoch liefen über die Fahrbahn und waren jetzt dicht hinter ihnen.

»Hey, Opa«, pflaumte der mit dem Ziegenbart. »Wo haste denn die aufgerissen?«

Hartmut blieb stehen und drehte sich nach den beiden um, obwohl das Mädchen vorwärtsdrängte.

»Echt scharfe Braut«, flachste der andere und bewegte sein Becken in eindeutiger Pose. Grölend klatschten sie sich ab.

Das Mädchen stand erstarrt neben Hartmut. Er legte beruhigend seine Hand auf ihre.

»Geht und sucht euch eine Arbeit, ihr lichtscheues Gesindel.« Energisch stieß er seinen Stock auf das Pflaster. Wenngleich Hartmut sein ganzes Leben nicht arbeiten musste – der Fleiß seiner Vorfahren hatte ihn davor bewahrt – konnte er kein Verständnis für Herumtreiber aufbringen.

»Yoh!«, rief der mit dem Bärtchen und beugte sich so weit zu Hartmut hinunter, dass dieser die Mitesser auf der Nase des Jünglings erkennen konnte. »Riskier hier keine dicke Lippe, Alter. Sonst setzt's was.« Er blies ihm ins Gesicht.

In diesem Augenblick stoppte der Bus neben ihnen. Zischend öffneten sich die Türen. Hartmut schob das Mädchen zu den Stufen, steifbeinig stolperte es hinauf und er kletterte hinterher. Aus der Innentasche des Mantels fingerte er sein Portemonnaie und bezahlte die Fahrscheine. Die Tür stand noch immer offen.

»Was ist?«, fragte der Busfahrer die Jungs. »Wollt ihr mit?«

Sie machten eine wegwerfende Geste. »Nein, Mann, hau ab.«

Die Türen schlossen sich, der Bus fuhr an und Hartmut schwankte durch den Gang. Er setzte sich neben die junge Frau, die sich ängstlich in die Ecke der Sitzbank drückte. Die anderen Fahrgäste blickten mit müden Gesichtern aus den Fenstern auf die grauer werdende Stadt. Sie achteten nicht auf das ungleiche Paar.

Hartmut neigte sich zu ihr hinüber. »Nun müssen Sie sich keine Sorgen mehr machen, mein Fräulein. Die beiden sind wir los.« Er legte ein besänftigendes Timbre in seine Stimme. »Sie können getrost nach Hause fahren. Oder ...« Ihm war nicht entgangen, dass das Mädchen unmerklich den Kopf geschüttelt hatte. »Oder«, fuhr er fort, »wir trinken bei mir eine schöne Tasse Tee auf den Schreck. Was halten Sie davon?«

Das Mädchen richtete sich auf. »Ja, das würde ich sehr gern. Danke für die Einladung. Wissen Sie, ich hab ein Appartement im Langen Johann. Da möchte ich im Moment nicht hin.«

»Das kann ich verstehen.« Vor Hartmuts innerem Auge tauchten endlose Korridore mit flackernden Neonröhren auf. Höchstwahrscheinlich entsprang dieses Bild einem Vorurteil, aber so stellte er sich das Innenleben des Hochhauses vor. Er hatte noch nie einen Fuß dort hineingesetzt. »Wie heißen Sie, mein Kind?«

»Nadine. Nadine Kessler.« Sie streckte ihm die Hand entgegen. »Sagen Sie doch bitte Nadine zu mir.«

Hartmut deutete einen Handkuss an. »Nadine, wie schön Sie kennenzulernen. Mein Name ist Friedrich Alexander. Für Sie Fritz.«

»Friedrich Alexander? Wie die Uni?« Nadine war amüsiert.

Das hatte er beabsichtigt. Er neigte seinen Kopf. »Lassen Sie mich raten: Sie sind Studentin, hab ich recht?«

»Genau.« Stolz huschte über ihr Gesicht. »Jura. Im ersten Semester.«

»Das ist interessant. Oh, hier müssen wir aussteigen. Kommen Sie.« Hartmut erhob sich und drückte auf den Knopf, um dem Fahrer seinen Wunsch zu signalisieren.

Sie verließen als Einzige an der Adalbert-Stifter-Straße den Bus. Die Rücklichter des Omnibusses verschwanden hinter der Kurve. Inzwischen war es dunkel geworden. Ein leichter Wind fegte bunte Blätter über den Gehsteig und wirbelte sie in die Hecken der Gärten. Nadine sah zurück. Außer ihnen war niemand unterwegs. Auch die beiden Typen schienen sie nicht verfolgt zu haben. Aufatmend hängte sie sich wieder bei Hartmut ein.

»Wir haben es gleich geschafft, Fräulein Nadine.« Er bemühte sich, sein Schnaufen zu unterdrücken. Aber die Steigung bis zu seinem Haus erschien ihm jedes Mal steiler. Er spürte bereits ein Stechen in der Brust. Normalerweise leistete er sich ein Taxi. Nur ab und zu verzichtete er darauf. Heute war so ein Tag.

Sie ließen die Mehrfamilienhäuser hinter sich und steuerten ein alleinstehendes Haus am Waldrand an. Hartmut öffnete das Gartentor und ließ Nadine den Vortritt. Alte Fliederbüsche überwucherten den Weg und gaben nur einen schmalen Durchgang frei. Die junge Frau schlängelte sich vorbei.

»Schön haben Sie es, Fritz«, sagte sie, als sie vor der alten Villa stand und zu einem schmiedeeisernen Balkon hinaufblickte, um den sich Efeu rankte. Hartmut schloss die massive Holztür auf.

»Ich wohne gerne hier«, meinte er und schaltete das Licht in der Eingangshalle an. »Treten Sie doch bitte ein, Fräulein Nadine, und fühlen Sie sich wie zu Hause.«

Nachdem er die Mäntel an der geschnitzten Garderobe aufgehängt und seine Schuhe gewechselt hatte, bat er die junge Frau ins Wohnzimmer. Eine fünfarmige Deckenlampe beschien ein Mobiliar wie aus einem englischen Altherrenklub. Dunkle Ledersessel dominierten den Raum. An den Wänden hingen Jagdszenen. Hartmut zog die schweren Vorhänge zu und wandte sich an Nadine.

»Machen Sie es sich bitte bequem, meine Liebe. Ich hole uns jetzt erst einmal etwas zu essen. Nach diesem langen Marsch können wir eine kleine Stärkung gebrauchen, nicht?« Er ging zur Tür. Mit Befriedigung bemerkte er, dass sich Nadine in einen der Sessel fallen ließ. »Ich glaube, es müsste noch Apfelkuchen da sein. Sie mögen doch Apfelkuchen?« Ohne eine Antwort abzuwarten, begab er sich in die Küche.

Er setzte Wasser auf und bereitete die Kanne vor. Der Kuchen stand in der Speisekammer. Hartmut hatte ihn erst heute Morgen gebacken. Er schnitt zwei großzügige Stücke ab und legte sie auf die Teller mit dem Fasanenmuster.

»Kann ich Ihnen helfen, Fritz?«, rief Nadine aus dem Wohnzimmer.

Hartmut sagte nichts, sondern klapperte mit den Teetassen. Doch nach einer Weile hielt er in seinem Tun inne. Hatte nicht gerade die Tür des Wohnzimmerschrankes geknarrt? Er lauschte. Kaum hörbar vernahm er ein Tappen und Schleifen. Wenn er sich nicht täuschte, so huschte Nadine im Zimmer umher und öffnete Schubladen. Ein neugieriges Lieschen, dachte er sich. Behutsam nahm er das Tablett auf. Seine Lederpantoffeln verursachten kein Geräusch und er schlich lautlos durch den Gang. An der Wohnzimmerschwelle verharrte er. Nadine hatte sich über die Nippes auf dem Beistelltisch gebeugt und streichelte über die Schäferin aus Meißner Porzellan.

Sollte es die Kleine am Ende auf seine Preziosen abgesehen haben? Hartmut runzelte die Stirn. Dann nahm er sich zusammen und setzte ein freundliches Gesicht auf. Sacht stieß er an das Tablett, damit das Geschirr klirrte. Nadine fuhr herum.

»Wie wäre es mit einem Stück Apfelkuchen, meine Liebe?«, wiederholte er seine Frage von vorhin. »Den Tee habe ich auch gleich mitgebracht.« Er trug das Tablett zum Couchtisch und stellte es ab.

»Sie haben ein wunderschönes Haus, Fritz, wirklich wunderschön.« Nadine strich über den Goldrahmen eines Gemäldes und kam zu ihrem Sessel zurück. Ihre Augen blitzten. »Leben Sie hier allein?«, fragte sie und machte eine unbestimmte Gebärde durch den Raum.

Hartmut rückte die silbernen Kuchengabeln auf den Servietten zurecht. »Ja, ich lebe allein.« Er richtete sich auf, stützte den Rücken und stöhnte verhalten. »Manchmal spiele ich mit dem Gedanken, ein oder zwei Zimmer zu vermieten. Denn es kann hier oben einsam sein. Vor allem jetzt, wenn der Winter kommt und ich nicht so leicht vor die Tür kann. Aber wer sollte schon mit mir zusammenwohnen wollen?«

Nadine rückte auf ihrem Sessel ganz nach vorne. »Na, jeder Student würde sich darum reißen«, sagte sie lebhaft. »Ich auch.« Sie lachte. »Ich würde liebend gern dem Langen Johann entkommen und hier wohnen. Wirklich.«

»Tatsächlich?« Hartmut sah auf das Mädchen hinab. »Dann sollten Sie vielleicht Probewohnen, was meinen Sie?«

Nadine strahlte. »Ja, sofort. Furchtbar gerne!«

»Darüber reden wir gleich. Aber jetzt trinken wir erst einmal Tee.« Er tauchte den Löffel in die Zuckerdose und ließ ihn gut gehäuft über Nadines Tasse schweben. »Nehmen Sie einen oder zwei?«, fragte er. Gleichzeitig rieselten die Kristalle in das Getränk.

»Eigentlich gar keinen«, meinte Nadine. Als sie Hartmuts betroffenes Gesicht sah, winkte sie ab. »Aber das macht nichts. Wirklich nicht.«

Hartmut nickte ihr zu. »Gutes Kind«, murmelte er.

Die Türglocke schallte durch das Haus. Hartmut ordnete seine Kleidung und strich sich die verschwitzten Haarsträhnen aus der Stirn, als er in den Eingangsbereich schritt. Gewohnheitsmäßig blickte er durch das schmale Fenster in der Haustür. Im sonnigen Licht des Morgens sah er zwei Gestalten. Die beiden Burschen aus dem Park. Bedächtig öffnete Hartmut die Tür.

»Hey, Alter«, sagte der mit dem Ziegenbärtchen und blinzelte. »Alles aufrecht?« Sein Kollege drehte die Kappe in den Händen.

»Ihr seid zu früh.« Hartmut zog seine Weste zurecht. »Kommt in zwei Stunden wieder. Dann könnt ihr sie haben.« Mit einem leichten Zucken der Mundwinkel fügte er hinzu: »Dann ist Schluss mit Probewohnen.«

Die beiden nickten. »Okay, Chef.« Sie schickten sich an zu gehen.

»Wartet.« Hartmut nahm zweihundert Euro aus seiner Westentasche. »Bringt mir später Nachschub von dem Zeug. Für die nächste Kandidatin.«

Der Bärtige steckte das Geld ein. »Geht klar, Chef.«

Ohne ein weiteres Wort schloss Hartmut die Tür. Nun würde er ihr wieder von dem guten Tee einflößen. Sie sollte ja nicht aufwachen. Wach wäre sie zu stark für ihn – und er wollte sich noch ein wenig an ihr vergnügen. An dem Fräulein Nadine.

*

Fränkischer Apfelkuchen

mit Guss aus Frankenwein

Zutaten

***Teig**:*

250 g Mehl

80 g Zucker

1 Ei

1 Messerspitze Salz, 2 Messerspitzen Zimt, 1 Messerspitze Vanille, 1 TL Backpulver, 80 g Butter

Belag

600 g Äpfel, geschält, entkernt und geachtelt

Guss

Zimt

2 Eidotter

100 g Zucker

200 ml Sauerrahm

2 EL Weißwein, am besten Frankenwein

2 Eiweiß

Zubereitung

Teigzutaten mischen und zu Streuseln verarbeiten.

Eine Springform mit den Streuseln füllen und einen Rand andrücken. Mit den Apfelschnitzen belegen.

Bei 200 Grad auf der 2. Schiene 20 Minuten vorbacken.

Die Eidotter mit Zucker, Sauerrahm und Frankenwein schaumig schlagen.

Eiweiß zu Schnee verarbeiten und darunterziehen.

Den halbgebackenen Kuchen aus der Backröhre nehmen, die Äpfel mit Zimt bestreuen und den Guss gleichmäßig darüber verteilen.

Noch 25 bis 30 Minuten bei 175 Grad weiterbacken.

In der Form auskühlen lassen.

Sabine Fink

»Wasnpassiert?«

(Neustadt a. d. Aisch)

Mit geschlossenen Augen ließ sich Karen von der Maisonne das Gesicht wärmen.

»Schneeheeflöckchen, Weißröckchen, wahann kommst du geschneit.« Die tiefe Stimme traf höchstens jeden zweiten Ton.

»Der Keks hat echt 'nen Batscher. Ein Weihnachtslied im Frühjahr!«

Tobys Lachen ließ Karens Kopf auf seiner Brust ungemütlich auf und ab hüpfen. Sie richtete sich auf, um besser sehen zu können. Ein untersetzter Halbwüchsiger mit der Statur eines Ringers kam über das Kopfsteinpflaster des Neustädter Marktplatzes direkt auf die Stufen des Bogengangs am Rathaus zu.

»*Einen* Batscher?«, brummte Georg, der auf der Treppe neben ihnen saß und auf sein Handy starrte.

»Ser – vus!«, intonierte Keks und ließ sich neben Georg plumpsen. »Jemand Lust auf Süßes?«

Georg blinzelte über den Rand seines Handys, wobei ihm seine runden Brillengläser das Aussehen einer erschreckten Eule gaben. »Was hast du denn mitgebracht?«

»Den Schnee-, Schnee-, Schnee-, Schnee-Walzer tanz ...«

»Klappe, Keks!« Resolut hielt Toby ihm den Mund zu.

»Hmpfallnnuepp!«

Sein Handy einstecken und sich der großen Metalldose bemächtigen, die Keks mitgebracht hatte, war eins für Georg. »Und was ist das nun?« Stirnrunzelnd betrachtete er den Inhalt der geöffneten Dose: Eine winterlich anmutende Landschaft aus gebackenen Teig-Bruchstücken, die sehr großzügig mit Puderzucker bestäubt waren.

»*Schneeballen,* du Depp. Sehen halt nur nicht ganz so aus.« Keks hatte sich von Toby befreit und stopfte sich ein Stück in den Mund: »Hab die gestern auf der Kerwa probiert. Da ist neuerdings so 'n Stand und heute nach der Schule hatte ich Langeweile.«

»Wie wäre es zur Abwechslung mal mit lernen?«, schlug Karen vor. »Das Abi nächstes Jahr macht sich nicht von selbst.«

»Ja, Mama«, bemerkte Toby. »Wenn wir dich nicht hätten, würden wir alle durchrauschen.«

»Eben.« Karen fischte sich ein Gebäckstück aus der Dose. »Ohhh … *die* schmecken echt gut.«

»Danke!« In diesem Moment ertönte ein gedämpfter Kuckucksruf aus Keks' Jackentasche. Hastig zog er sein Handy heraus – und lächelte prompt. Während er die SMS las, sanken jedoch seine Mundwinkel immer tiefer. »Anne kommt heute Abend nicht mit auf die Kerwa zum Feuerwerk.«

Erstaunt hob Karen die Brauen. »Warum denn nicht?«

»Keine Lust.«

»Merkwürdig«, fand Karen.

»In der Schule hab ich sie diese Woche auch noch nicht gesehen«, meinte Georg.

Keks seufzte unglücklich.

»Weißt du was, ich geh zu ihr«, entschied Karen, die Keks' Schwäche für Anne kannte. »Sie wohnt doch gleich *Bei der Freiung*. Ich schau einfach mal, was sie hat.«

Keine fünf Minuten später klingelte Karen an der Tür des kleinen Hauses, wo sie von einer dunkelhaarigen Frau mit rundem Gesicht freundlich begrüßt wurde.

»Anne! Hier ist Karen für dich!« In der oberen Etage öffnete sich eine Tür. »Geh nur hoch. Wollt ihr eigentlich heute Abend zusammen zum Feuerwerk?«

»Ja, klar«, antwortete Karen, die schon auf halbem Weg nach oben war.

»Nein.« Mit verschränkten Armen und verkniffenem Mund stand Anne auf dem Treppenabsatz. Sie wirkte blass.

»Na, da seid ihr euch ja einig.« Kopfschüttelnd verschwand die Mutter in der Küche.

Skeptisch sah Karen ihre Freundin an. »Was ist los mit dir?«

»Nichts. Alles gut.« Anne drehte sich auf dem Absatz um und verschwand in ihrem Zimmer.

»Sicher. Und der Papst ist nicht katholisch.« Karen marschierte hinterher und schloss die Tür.

Mit angezogenen Beinen saß Anne auf ihrem Bett, ein großes Stofftier im Arm. Ihre Augen waren gerötet. Plötzlich rollte sie sich wie ein Ball zusammen.

»Was ist passiert?«, fragte Karen erschrocken.

Es kostete sie viel Überredungskunst, bis ihre Freundin schließlich ihr Handy unter der Bettdecke hervorholte und ein Video startete. Darauf war Anne zu sehen – aufgedreht lachend und derbe Witze machend. Männer mit Sturmhauben betatschten sie, einer knutschte mit Anne, ein zweiter zog sie dabei aus. Ein dritter stellte sich hinter sie, um ihre Brüste aus dem BH zu holen und dem Kameramann zu präsentieren. Anne quietschte, machte aber keine Anstalten sich zu wehren. Die Männer johlten.

Jemand zog Anne den Slip herunter. »Wer will zuerst?«

»Ich mach's!« Trotz seiner Maske war zu erkennen, dass dieser Mann ein Augenbrauen-Piercing trug.

»Oh mein Gott!« Schockiert drückte Karen auf *Stopp*.

»Ich hab einen totalen Filmriss«, sagte ihre Freundin tonlos.

»Wann war das?«, fragte Karen.

»Sonntag. Ich erinnere mich nur noch daran, dass mich ein paar Typen auf der Kerwa angequatscht haben, als ich gerade auf dem Heimweg war. Es war witzig mit denen, aber irgendwann ... weiß ich nichts mehr ... einfach futsch.« Sie gab ein gequältes Geräusch von sich. »Ich bin am nächsten Morgen in meinem eigenen Bett aufgewacht. Keine Ahnung, wie ich nach Hause gekommen bin. Mir war schlecht und ich hab gestunken wie die Seuche und war untenrum total verklebt ...« Ihre Stimme versagte.

In schockiertem Schweigen saßen die beiden nebeneinander, bis Karen mit einer vagen Geste zwischen ihre Beine wies. »Bist du verletzt ... unten?«

»Ich glaub nicht. Die waren nicht ... brutal ... sieht man auf dem ... Video und ich ... hab mich auch nicht ... gewehrt.« Schluchzend ließ sie sich gegen Karen fallen.

»Spiel das nicht runter, Anne! Die haben dich vergewaltigt!«

»Ja ... oh, Gott.«

»Du hast noch keinem was gesagt, oder?«

Lautstark putzte sich Anne die Nase. »Nein. Meine Eltern waren arbeiten und ich hab mich in der Schule krankgemeldet. Als ich meine Mails gecheckt hab, traf mich echt der Schlag, weil ... die wollen das veröffentlichen, wenn ich denen heute vor dem Feuerwerk kein Geld gebe ... ich schäm mich so ...« Wieder weinte sie.

Fürsorglich nahm Karen ihre Freundin in den Arm. »Wir müssen irgendwas tun. Zur Polizei gehen oder so.«

Anne schniefte. »Aber mir glaubt bestimmt keiner. Ich kann mich nicht dran erinnern, was getrunken zu haben und man kann K.-o.-Tropfen jetzt nicht mehr nachweisen. Auf dem Film ... da sah es doch aus, als hätte ich freiwillig mitgemacht. Ich würde die Typen auch nicht mehr erkennen. Den Umschlag mit dem Geld soll ich an einer bestimmten Stelle ablegen ... ach, Kacke.« Unsicher sah sie ihre Freundin an. »Und jetzt?«

Karen überlegte. »Ich hab eine Idee ...«

Auf dem Festplatz herrschte dichtes Gedränge. Überall dudelte Musik, bunte Lichter blinkten und an den Fahrgeschäften herrschte Hochbetrieb. Toby hatte den Arm um Karens Schulter gelegt und schlenderte mit ihr unter den Bäumen zwischen der Pizzeria und dem Pavillon vorbei, in dem gerade eine Partyband spielte. An den Biertischen wurde lauthals mitgesungen.

»Bist du sicher, dass das eine gute Idee ist?«, fragte Toby.

»Hey, wir haben doch nichts zu verlieren – außer unserem Geld. Und auch wenn es nicht klappt, gehe ich mit Anne zur Polizei. Aber mit Fotos wäre es einfach besser.«

Sie hatten zusammengelegt, damit Anne das Geld in dem Umschlag hinter einer der Buden deponieren konnte. Georg lag mit seiner Digitalkamera auf der Lauer, um die Männer zu fotografieren, wenn sie den Umschlag holen würden. Keks hatte sich angeboten, Annes Bodyguard zu spielen und sie sofort nach Hause zu begleiten. Denn zuerst hatte sie gar nicht mitkommen wollen. Karen und Toby schlenderten umher und hielten ihrerseits die Augen offen.

Karens Handy vibrierte. Eine SMS von Georg. *Ist wahrscheinlich zu dunkel. Und wenn ich blitze, sehen die mich. Mist. Was jetzt?*

»Das hab ich befürchtet.« Trotzdem versuchen, tippte Karen in ihr Handy.

»Pfffft«, machte Toby. »Das klappt im Leben nicht.«

Langsam näherten sie sich der Stelle, an der die Straße eine 90-Grad-Kurve beschrieb. Der Lärm der Fahrgeschäfte war hier etwas gedämpfter. Keks lehnte an einem Baum, mit einem halbaufgegessenen Schneeballen in der Hand und sah immer wieder zu besagtem Stand, hinter dem Anne kurz zuvor verschwunden war, um das Geld zu verstecken. Als sie wieder auftauchte, heftete er sich sofort an ihre Fersen. Zusammen mit Toby bezog Karen ihren Beobachtungsposten gegenüber dem Schneeballenstand.

»Die sehen etwas anders aus als die, die Keks gemacht hat«, meinte Toby belustigt. »Aber ob die auch besser schmecken?«

Bevor Karen antworten konnte, blieben vier junge Männer um die zwanzig unweit von ihnen stehen.

»Ey, ich muss mal pissen!«, sagte einer laut. Er trug ein Piercing an der Augenbraue und verschwand zwischen den Buden an derselben Stelle, an der Anne das Geld deponiert hatte. Die Stimme und das Piercing! Karen ging jede Wette ein, dass es sich um einen der Vergewaltiger handelte. Sicher waren seine Begleiter die anderen Männer vom Video.

»Das sind sie! Schnell. Mach mit deinem Handy Fotos von mir«, sagte Karen zu Toby und stellte sich so in Positur, dass er die übrigen drei mit drauf bekam.

»Scheiß Qualität«, flüsterte Toby anschließend enttäuscht. »Man erkennt die Gesichter nicht.«

Gerade kam der Gepiercte zurück. »Die Party kann weitergehen, Leute! Ey, wär es nicht geil nach dem Feuerwerk noch so ne Aktion zu starten? Ich hätt da richtig Bock drauf.«

Einer der anderen stieß ihm den Ellbogen in die Rippen. »Du bist so was von notgeil.« Die anderen wieherten vor Lachen. Der Gepiercte zeigte ihnen den Mittelfinger.

»Bleibt an mir dran, Toby! Ich hab was vor«, flüsterte Karen. »Such Georg. Er soll Fotos machen.«

»Was?«

Mit aller Kraft schubste sie ihn vor die Brust. »Kapier's endlich, du Vollpfosten! Du bist so ein Langweiler. Hau bloß ab.« Anscheinend wütend stapfte sie ein paar Schritte von Toby weg, der ihr wie vom Donner gerührt hinterherstarrte. Er war nicht der Einzige, denn mehrere Leute sahen feixend zu ihnen herüber. Auch die vier jungen Männer.

Gut so!, dachte Karen und laut dröhnte sie: »Lauf doch nach Hause zu Mama! Geh ich eben allein zum Feuerwerk.« Dabei bewegte sie sich rückwärts – prompt stieß sie mit jemandem zusammen.

»Ey, so ne Schnitte wie du muss doch wohl nicht allein gehen!« Es war der Gepiercte, den sie angerempelt hatte.

»Lass mich bloß in Ruhe!«, fauchte sie in Tobys Richtung. Ihr Freund wirkte von ihrer nicht abgesprochenen Aktion ziemlich überrumpelt.

Der Gepiercte baute sich drohend vor Toby auf. »Ja, genau. Verpiss dich, Alter! Sie will nichts von dir«. Nachdrücklich gab auch er Toby einen Schubs vor die Brust.

Tobys Hand zuckte, doch er beherrschte sich. Ein paar Mal drehte er sich noch mit besorgtem Gesicht zu Karen herum, bevor er im Gewühl verschwand. Er hatte sein Handy am Ohr – wahrscheinlich rief er Georg an. Oder Keks und Anne. Oder alle drei. Hoffentlich. Karen atmete tief durch, dann wandte sie sich an den Gepiercten.

»Ich bin übrigens Karen, und du?«

»Andy. War das etwa dein Freund?«

Sie lächelte schief. »War. Genau. Was macht ihr noch so?«

»Wir lassen die Sau raus«, rief ein Kumpel von Andy. Alle lachten.

»Also ich brauch erst mal was zu essen. Wer will Schneeballen?« Andy sah sich um, seine Freunde stimmten alle zu. »Du auch, Karen? Ich lad dich ein.«

»Ähm, ja. Gerne.« Mechanisch lächelte sie Andy an und suchte die Menge ringsum nach bekannten Gesichtern ab. Wo war Toby? Ihr Herz hämmerte in der Brust. Sie würde einfach mit den fremden Jungs über die Kerwa schlendern, bis sie unter einem Vorwand verschwinden konnte. Bis dahin hatte Toby sicher Georg gefunden, um brauchbare Fotos von den jungen Männern zu machen. Andy hatte inzwischen Schneeballen für alle besorgt und sie unter großem Hallo an seine Freunde verteilt. Jetzt tippte er Karen auf die Schulter.

»Hier, die sind heute extra lecker.« Mit einem breiten Lächeln hielt er ihr den letzten Schneeballen hin.

»Danke.« Herzhaft biss Karen hinein. »Wohin gehen wir jetzt?«

Blinzelnd erwachte Karen. Es war Tag und sie war definitiv weder auf der Kerwa noch zu Hause, sondern im Krankenhaus.

»Hey«, sagte Toby neben ihr.

»Hä?« Sie richtete sich halb auf. Ihr Kopf dröhnte und sie ließ sich wieder nach hinten sinken. Mit einem Schnalzen löste sich ihre Zunge vom Gaumen. »Wasnpassiert?«

Toby drückte ihr die Hand. »Georg und ich sind dir über den Festplatz gefolgt und Georg hat ein paar gute Fotos gemacht. Wir haben damit gerechnet, dass du dich bald aus dem Staub machst, aber dann hast du dich total merkwürdig benommen – wie betrunken. Erst dachten wir, du spielst denen was vor, aber Georg meinte, da stimmt was nicht. Also haben wir die Polizei gerufen. Keks kam mit Anne und sie hat der Polizei ihr Video vom Sonntag gezeigt und gemeint, du seist denselben Typen aufgesessen.«

Karen wurde mulmig bei dem Gedanken, dass ihr das Gleiche hätte passieren können. Wie ihre Freundin erinnerte sie sich an nichts mehr, nachdem sie mit den Männern losgezogen war. Schwungvoll öffnete sich die Tür. Keks und Georg marschierten ins Zimmer.

»Servus!«, rief Keks. »Alles wieder normal bei dir?«

»Ja, war echt krass, wie du drauf warst«, sagte Georg.

Karen wollte gar nicht so genau wissen, wie sie sich unter Drogeneinfluss benommen hatte. Ziemlich peinlich wahrscheinlich.

»Es gab einen ganz schönen Aufruhr«, fuhr Toby fort. »Die Typen wurden festgenommen. Die sagen zwar, sie hätten das Video von Anne nicht veröffentlichen wollen. Das sei alles nur ein Missverständnis.«

»Na, wer's glaubt ...«, ergänzte Keks. »Hat Toby dir das mit den Schneeballen schon gesagt?«

»Was denn?«, wollte Karen wissen.

»Na, die müssen dir die K.-o.-Tropfen in den Schneeballen getan haben. Getrunken hast du ja nichts. Die hatten das Zeug in so einer Flasche mit Pipette. An mehreren Stellen in die Schneeballen reingetropft schmeckst du das nicht – besonders wegen des Puderzuckers.«

»Ach, du Scheiße«, sagte Karen erschrocken. »Jetzt muss man sogar schon auf sein Essen aufpassen.«

»Scheint so. Aber wisst ihr, dass die Sache auch was Gutes hatte? Anne kommt nachher zu mir und dann backen wir.«

»Lass mich raten: Schneeballen«, meinte Georg trocken.

»Genau! Und egal, wie die dann aussehen werden: Die sind jedenfalls ohne unangenehme Zusätze.«

*

Fränkische Schneeballen

Zutaten

4 Eier, davon nur das Eigelb
2 Eier
9 EL Sahne
1 EL Zucker
1 Prise Salz
750 g Mehl
Butterschmalz, zum Ausbacken

Zubereitung

Das Butterschmalz in der Fritteuse oder im Topf auf ca. 180°C erhitzen (Probe: taucht man einen Holzkochlöffel in das Fett, steigen kleine Bläschen auf)
Aus den angegebenen Zutaten einen Knetteig herstellen.
Den Teig ca. 3 mm dick ausrollen und Quadrate mit ca. 20 cm Seitenlänge ausrädeln.
In jedes Teigstück mit dem Teigrädchen nochmals etwa 1 bis 1,5 cm breite Streifen rädeln, aber so, dass ringsum ein Rand stehen bleibt.
Mit dem Kochlöffelstiel jeden zweiten Streifen aufnehmen (wie beim Weben) und den Schneeballen in das heiße Fett gleiten lassen. Dabei anfangs mit zwei Gabeln etwas zusammenhalten, damit der Schneeball eine runde Form erhält.
Goldbraun ausbacken, aus dem Fett nehmen und gut abtropfen lassen.
Abgekühlt und mit Puderzucker bestreut schmecken sie einfach köstlich!

TIPP: In einer gut verschlossenen Dose kann man die Schneeballen bis zu einer Woche aufbewahren (wenn sie nicht vorher schon aufgegessen sind!)

Inge Steinmüller

Kirschgrün

(Schwabach)

Das Kichern, Gackern und Gegröle aus dem weit geöffneten Fenster der alteingesessenen Kanzlei Hohenstein, Hohenstein & Collegen, drang weithin über den ehrwürdigen Königsplatz der Kleinstadt Schwabach.

Es war ein Samstag im Juli, Markttag, und trotz des Trubels, der herrschte, sahen Händler und Kunden nach oben zu dem Fenster des imposanten Barockhauses. Dort zeigte sich gerade Hohenstein senior, winkte huldvoll wie die Queen dem Volk zu, begann »Rule Britannia« zu schmettern, drehte sich um und ließ die maßgeschneiderten Hosen herunter. Auch das sehr englisch, denn das *mooning* genannte Zeigen der bleichen Kehrseite, ist ein beliebtes Hobby auf der Insel. Ja, die Herren der Kanzlei verstanden sich als Gentlemen und waren echte Liebhaber von Großbritannien.

Der alte Ignaz an seinem Kirschenstand machte sich so seine Gedanken über das Spektakel. Eine seiner liebsten Stammkundinnen war Marie Müller, die dort oben in der Hohensteinschen Kanzlei als Anwaltsassistentin arbeitete. Von ihr wusste er, dass der Seniorchef an diesem Samstag seinen 70. Geburtstag feierte und Marie dafür ihr legendäres Kirschenmännle backen wollte, verziert mit Blattgold, wie es sich für eine Goldschlägerstadt gehört. Die süßesten dunkelroten Reginakirschen hatte sie dafür bei ihm vorbestellt und ihm verraten, dass sie diese, zur Feier des Tages, noch ordentlich mit Likör tränken würde. Hatte sie zuviel des Hochprozentigen erwischt? Ignaz war besorgt.

Drei Tage später war Marie Müller tot.

Ein hektischer Paul Müller rief am Dienstagmorgen um sechs Uhr im Stadtkrankenhaus Schwabach an: »Meine Frau. Kommen sie schnell. Sie ist ganz blass. Redet nicht. Kommen sie schnell. Ich weiß nicht, was ich tun soll. Kommen Sie. Schnell. Schnell.«

Der Notarzt, der zehn Minuten später eintraf, fand Marie im Pyjama auf dem Sofa ihres Lesezimmers liegend, wächsernblass, mit Schaumbläschen vor dem Mund und nach dem Grad der Leichenstarre zu urteilen, bereits seit einigen Stunden tot. Da er von einer Vergiftung ausging, verständigte er sofort die Polizei.

Bevor Kommissar Ashbury Frank das zweistöckige Einfamilienhaus betrat, notierte er sich in Gedanken seinen ersten Eindruck. Offensichtlich war der Architekt ein Bauhaus-Anhänger, was in diesem Fall zu einem klaren kubischen Flachdachbau, in harmonischen Proportionen, ohne Schnörkel oder Designschnickschnack, geführt hatte. Besonders das sehr hohe Fenster auf der Westseite stach Frank ins Auge. Im winzigen Vorgarten neben der Einfahrt wetteiferten Bauernjasmin und eine üppig blühende, himbeerrote *Rose de Resht* um die Dufthoheit in der Umgebung. Aha, dachte Frank, der Hausherr Pragmatiker mit gutem Auge, seine Frau, Gartenfreundin mit Hang zu historischen Gewächsen. Beide vermutlich Liebhaber eines entspannten Abends mit Blick auf den Sonnenuntergang, eventuell mit einem Glas Rotwein in der Hand, zumindest schloss er das aus dem extra hohen nach Westen gerichteten Fenster. Im Inneren des Galeriehauses, das den von außen gewonnenen Eindruck von den Bewohnern bestätigte, herrschte organisierte Betriebsamkeit. Anna Köhn von der Spurensicherung, Dr. Peter Schweiger, der Gerichtsmediziner und Franks Assistent, Florian Gruber, waren bereits damit beschäftigt, alles einzutüten, zu beschriften und aufzunehmen, was Auskunft über Mord oder Selbstmord geben könnte.

»Ich bin Kommissar Ashbury Frank. Ich weiß, dass Sie völlig durcheinander sind, aber können Sie mir bitte schildern, was hier passiert ist? Wie haben Sie Ihre Frau gefunden?«

Paul Müller saß auf einem Stuhl am Esstisch. Es schüttelte ihn buchstäblich vor Entsetzen und Verzweiflung. Seine Beine wippten in immer schnellerem Takt auf und ab, ständig fasste er sich ins Gesicht oder kaute an seinen Fingernägeln und er weinte unaufhörlich.

»Bitte Herr Müller, wir wollen alle wissen, was mit Marie passiert ist«, Frank sprach sanft und eindringlich.

»Sie wollte doch nur einen Spaß machen. Wissen Sie, wir sind erst seit drei Jahren verheiratet und ich liebe sie so. Sie wusste, dass es illegal ist, es sollte die drögen Chefs nur auflockern. Steif, wie es da immer zuging. Aber deshalb kann man Marie doch nicht vergiften.« Pauls Stimme, nur ein Hauch.

»Was heißt denn illegal? Wenn es ein Spaß war, kann es wohl nicht so schlimm gewesen sein«, fragte Frank, weiterhin sanft.

»Maries Seniorchef, der Herr Hohenstein, feierte am Samstag seinen 70. Geburtstag. Sie hat ihm ihr leckeres Kirschenmännle gebacken. Alle Zutaten kamen von dem teuren Bio-Markt. Würziges dunkles Brot und Semmeln, die süßesten Kirschen von Ignaz. Am Ende verzierte sie sogar die gesamte Oberfläche mit Blattgold. Wenn Sie wüssten, was für eine Mühe sie sich gemacht hat.«

Paul beruhigte sich langsam und kam ins Erzählen. »Erst wollte sie die Kirschen in Likör einlegen, aber dann dachte sie wohl, das lockert nicht genug auf. Sie hat in der Butter und der Milch Marihuana ausgelassen, das weiß sie noch vom Studium. Statt sechs nahm sie acht Päckchen Vanillezucker, damit es keiner schmeckt und das servierte sie dann in der Kanzlei. Fragen sie mal in Schwabach nach, alle auf dem Markt haben sehen und hören dürfen, was das für eine Bombenstimmung bei der Party war. Leider kann sich auch Hohenstein junior aus seiner Studienzeit noch gut an die Wirkung von Gras erinnern und da seine Mutter eigenhändig das Buffet bestückte, brauchten die Hohensteins am Wochenende nur noch eins und eins zusammenzählen. Nur Maries Kirschenmännle kam für den Skandal in Betracht. Gestern wurde Marie dann von ihrem Chef ins Gebet genommen und sie gab alles sofort zu. Aber sie bekam nur eine Abmahnung, wegen des blanken Hinterns von Hohenstein senior, den der ganze Königsplatz gesehen hat. Und jetzt haben sie Marie einfach vergiftet. Ich dachte mir schon, dass diese Geschichte nicht mit einer einfachen Abmahnung erledigt ist.«

Wäre Marie Müller nicht tot gewesen, Ashbury Frank hätte sich ausgeschüttet vor Lachen. Er kannte die blasierten Hohensteiner von Gerichtsverhandlungen. Er wusste, wie sie immer bemüht waren, die *stiff upper lip*, die emotionslose Grundhaltung der englischen Oberklasse zu bewahren. Speziell angesichts des erschütternden Unrechts, das manche ihrer Mandanten verursacht hatten, für die sie aber meist Freisprüche erwirkten. Was hätte Ashbury darum gegeben, Hohenstein senior so enthemmt zu sehen. Sich selbst entlarvend, indem er den normalen Bürgern auf dem Marktplatz zeigte, was er von ihnen hielt.

»Und bitte, Herr Kommissar«, fuhr Paul fort, »sagen Sie meiner Tochter Nina-Chiara nichts von dem Kirschenmännle mit Gras. Sie ist meine Tochter aus erster Ehe und hasst meine Frau. Na ja, sie ist mit siebzehn halt in der Pubertät und ihre Mutter machte sich einfach mit einem Lover davon. Wenn Nina mitbekommt, dass Marie Marihuana ins Kirschenmännle mischte und ich davon wusste, hört sie nie mehr auf mich. Es ist jetzt schon schwer genug.«

»Flo, ich muss zu den Arbeitgebern des Opfers. Kannst du bitte die Festplatten der PCs hier im Haus sichern?« Frank wusste, dass dies das Spezialgebiet seines Assistenten Gruber war. Er wollte doch zu gerne herausfinden, aus welchen Quellen Marie Müller mit Gras versorgt worden war. Steckte eventuell die angeblich so ahnungslose Tochter Müllers mit drin?

Zu Franks großem Erstaunen wurde er bei Hohenstein senior sofort vorgelassen.

»Aber ich bitte Sie, Herr Kommissar, wir sind erschüttert über den Tod unserer Marie. Wie ist Ihr Name – Ashbury Frank? Wie Haight Ashbury in San Francisco?«

»Ja, ich bin dort geboren.«

»Nun, ich schätze Sie auf Mitte vierzig, dann dürfte Ihnen klar sein, was ein Marihuana-Kirschenmännle so auslöst.«

»Genau, da wären wir gleich in medias res.« Manchmal musste es Frank einfach raushängen lassen, dass er das Große Latinum besaß. »Vor drei Tagen haben Sie sich in aller Öffentlichkeit unsäglich blamiert und heute ist Ihre Mitarbeiterin tot. Sie werden verstehen, dass ich da einen Zusammenhang sehen könnte.«

»Könnte! Herr Kommissar, könnte! Aber Sie wissen ja, könnte, hätte, sollte, sind die Worte der Verlierer. Tatsächlich ist die ganze Geburtstagsgeschichte unangenehm. Glauben Sie ernsthaft, wir wollen zusätzlich das Aufsehen, das jetzt entstehen wird? Uns ist klar, dass Sie sich fragen, warum wir Marie nicht entlassen und angezeigt haben. Ganz einfach, erstens war sie tatsächlich eine exzellente Mitarbeiterin. Zweitens wollten wir keine Öffentlichkeit, die den Ruf unserer gesamten Kanzlei beschädigt, wenn in einer Verhandlung erörtert wird, dass hier illegale Drogen konsumiert wurden. Wir möchten nicht einmal ansatzweise damit in Verbindung gebracht werden. Tatsächlich wissen wir gar nicht, was Marihuana ist! Gut, dann war ich eben an meinem Geburtstag sturzbetrunken, nicht schön, aber kann ja mal vorkommen. Außerdem scheide ich Ende des Jahres des Alters wegen aus. Wir wollten Gras über die Sache wachsen lassen und damit meine ich nicht das Gras auf einem Grab. Sie können übrigens gerne sofort mit meinen Mitarbeiterinnen Frau Hain und Frau Urban sprechen. Beide waren auch privat mit Marie befreundet. Ich denke, die zwei können Sie mehr erleuchten, bezüglich eines möglichen Motivs.«

Zwei Stunden und gefühlte zweihundert wichtige und unwichtige Informationen später, machte sich der Kommissar wieder auf den Weg zu dem Haus der Müllers. Zu Ashbury Franks Leidwesen war die zauberhafte Anna Köhn von der Spurensicherung, die beste und attraktivste Chemikerin aller Zeiten, bereits nicht mehr am Tatort, als er seinen Assistenten, das EDV-Ass Florian Gruber, abholte. Andererseits ein guter Grund, Anna in ihrem Büro aufzusuchen, um die Ergebnisse persönlich zu hören. Er war gespannt, inwieweit sich die Erkenntnisse aus den Untersuchungen mit dem decken würden, was er über die Stimmung innerhalb der Familie Müller von den Kolleginnen Maries gehört hatte.

»Meine liebste Frau Köhn, ich bin mir sicher, Sie können meinen trüben Tag mit einer nobelpreiswürdigen Entdeckung erhellen.« Noch während er sprach, hätte sich Frank am liebsten selbst getreten. Meine Güte, was für ein pennälerhaftes Geschwurbel. Warum nur plusterte er sich auf wie ein Gockel und redete solch gespreizten Schwachsinn, wenn er in Annas Nähe kam? Sonst war er doch auch ganz normal.

Anna Köhn sah, wie Franks Gesicht und Ohren über zartrosa zu dunkelrot changierten und amüsierte sich königlich.

»Hallo, Ash, also gestorben ist Marie Müller an einer tödlichen Dosis Phenobarbital, das weiß ich von Peter.«

Frank hätte schreien können. Wenn er von jemandem nicht wollte, dass sie ihn beim Vornamen nannte, dann war das der geschniegelte Dr. Peter Schweiger, der Gerichtsmediziner, der so aufgeblasen und von sich überzeugt war, dass er nach Ashburys Ansicht wie ein Ballon umherschweben müsste.

»Tatsache ist, wir haben keine Medikamentenschachteln, keinen Abschiedsbrief und auch kein Motiv gefunden, das einen Selbstmord nahelegen würde. Frau Müller aß vor ihrem Tod eine Gemüsesuppe mit Nudeln auf der Basis von Rinderbrühe und trank rund drei Gläser Rotwein. Weder Topf, Teller, Besteck, Flasche oder Glas wurden gefunden.«

»Ein Schlafmittel?«, fragte Frank.

»Ja und nein. Früher mal. Marilyn Monroe hat sich damit aus ihrem Jammertal verabschiedet. Heute wird es jedoch ausschließlich zur Behandlung von Epilepsie verwendet. Wir wissen vom Ehemann, dass weder Frau Müller das Medikament benötigte, noch leidet irgendjemand aus der Familie an dieser Krankheit. Das Mittel gibt es nicht in dem Haushalt und es ist zudem ohne Rezept nicht erhältlich.«

Auf dem Weg ins Präsidium rief Florian Gruber seinen Chef Frank an:

»Boss, ich habe hier sehr interessante Sachen aus dem PC der Tochter gefiltert. Aber wenn ich nicht bald was zwischen die Zähne bekomme, bin ich ein Fall für *Mitten verhungert im reichen Deutschland*. Willst du das auf dem Titel der Blöd-Zeitung lesen, großer Häuptling? Ich schlage den Goldenen Stern am Königsplatz in Schwabach vor, da krieg ich auch nachmittags was Warmes und wir können auf das Fenster der Schande von Hohenstein senior schauen.«

Als Ashbury Frank und Florian Gruber bei Schäuferla und Roulade ihre Erkenntnisse aus den aufgerufenen Internet-Seiten und den E-Mails der Tochter Paul Müllers, Nina-Chiara, mit der Todesursache abglichen, wussten sie, was zu tun war.

Zwei Stunden später klingelten sie bei Karin Rieper und deren Sohn Gerd in Wendelstein, dem Freund von Paul Müllers Tochter. Gerd öffnete die Tür, um ihn herum sprang ein Golden Retriever.

»Schönen Hund hast du da«, sagte Frank, nachdem er sich Gerd und seiner dazugekommenen Mutter Karin vorgestellt hatte.

»Ach, wenn Sie wüssten,« sagte Karin Rieper, »der arme Copperfield ist aus dem Tierheim. Wir haben ihn so genannt, weil er sich trotz seiner Größe unsichtbar machen kann und dann suchen wir ihn stundenlang im ganzen Haus. Aber wirklich schlimm ist, dass er an epileptischen Anfällen leidet. Zweimal am Tag bekommt er Phenobarbital. Genau im Abstand von zwölf Stunden. Morgens um sieben und abends um sieben. Pünktlich, täglich, ob Sonn- oder Feiertag.«

»Das arme Kerlchen. Könnten wir jetzt mal mit dir, Gerd, alleine reden?«

Die Information über den kranken Hund passte zu den Erkenntnissen aus der Befragung der Kolleginnen Maries und den PC-Auswertungen Grubers. Sie bestätigte Franks Theorie, wer für den Mord an Marie Müller verantwortlich war. Er brauchte nur noch ein Geständnis.

»Glauben Sie mir«, sagte Gerd, »es war nicht meine Idee. Ich weiß auch gar nicht mehr, wie ich mich darauf einlassen konnte, mit Copperfield letzten Mittwoch in eine zweite Tierklinik zu gehen und mir noch mal eine Packung mit 100 Tabletten abzuholen. Aber Nina wollte das, sonst hätte sie mich verlassen. Ich dachte, sie braucht die Tabletten nur, um ihre Stiefmutter ab und zu tief schlafen zu lassen. Wir haben im Internet gelesen, dass das Zeug auch ein Schlafmittel ist, und Ninas Stiefmutter war die Einzige, die ein Riesentheater machte, wenn Nina am Wochenende länger als bis zwölf wegblieb. Da gab's dann immer Hausarrest.« Gerd brach mit leerem Blick ab.

»Das war alles? Hausarrest?« Frank hakte nach.

»Na ja, wissen Sie, es ist schwer zu erklären, eigentlich fand ich Marie echt okay. Aber Nina hat sie gehasst. Plötzlich gab es jemanden, der sich dafür interessierte, wann Nina am Abend nach Hause kommt und wie sie sich anderen gegenüber benimmt. Und glauben Sie mir, Nina war mit vierzehn schon voll aggro. Damals, als Paul und Marie sich entschlossen zu heiraten, rastete sie komplett aus. Niemals wollte sie akzeptieren, dass diese Frau zur Familie gehört. Nachdem ihre Mutter weg war, bestimmte sie das Leben ihres Vaters, kam und ging wann es ihr passte und fühlte sich als erwachsene Hausherrin.«

»Und dann kam die lästige Konkurrenz, sie war wieder nur ein Teenie. Marie musste weg.« Ashbury Frank verstand.

»Ja, aber ehrlich, ich wusste von dem geplanten Mord nichts. Nina hat es mir erst heute Vormittag gebeichtet. Sie hat gestern eine Rinderbrühe mit Gemüse und Nudeln gekocht, weil die Tabletten, damit Hunde sie nehmen, nach Rind schmecken und riechen, so steht's jedenfalls in der Packungsbeilage. Ninas Vater war nicht zu Hause – er spielt jeden Montagabend Tennis. Marie aß die Suppe, Nina natürlich nicht. Danach hat Nina das ganze Geschirr im Wald vergraben, damit keine Rückstände gefunden werden können. Übrigens, Nina ist oben bei mir, Sie können sie gleich mitnehmen. Das geht mir jetzt alles viel zu weit.«

»Mein lieber Herr Gesangsverein«, Florian Gruber war schockiert, »eine 17-jährige Mörderin, weil ihr Vater nicht solo bleibt und sie nicht als Ersatz-Ehefrau, rein platonisch, akzeptiert? Bei Männern ist das ein Ödipus-Komplex und wie heißt das bei Frauen?«

»Elektrakomplex, Flo. Bei diesem Ausmaß an griechischer Tragödie brauche ich dringend irisches Zauberwasser. Kommst du heute Abend mit mir auf einen Whiskey ins O'Sheas?«

*

Maries Kirschenmännle –
fränggisch-leggendär

Zutaten

Abgeriebene Schale einer halben Zitrone
5 Semmeln (aus weißem Weizenmehl) vom Vortag
500 g dunkles Bauernbrot bzw. Roggen-, Graubrot
(kein Vollkornbrot, also mit feinem Mehl gebacken)
1 kg entsteinte süße Kirschen, bevorzugt Reginakirschen
im Winter gerne auch süße, dunkelrote aus dem Glas,
die Kirschen können über Nacht in Kirschlikör eingelegt werden, wenn keine Kinder mitessen
5 Eier
6 Päckchen Vanillezucker
180 g Zucker
100 g Butter, im Töpfchen zerlassen (nicht kochen)
600 ml Milch
1 bis 2 Teelöffel Zimt

Feuerfeste Form ausbuttern
Backrost auf mittlerer Schiene positionieren
Herd vorheizen: 180° Umluft
Semmeln in Scheiben schneiden,
Milch erhitzen (nicht kochen), über die Semmeln gießen – kurz ziehen lassen.
Das Brot in etwas Wasser einweichen, dann gut ausdrücken.
Alle Zutaten zusammen in eine Schüssel geben und gut vermengen
Masse in die Auflaufform geben und 50 bis 60 Minuten backen (Stricknadeltest).
Danach, wenn man mag, mit Puderzucker oder – EDEL – mit Blattgold bestäuben/verzieren.

Ursula Schmid-Spreer

Carolinas Entscheidung

(Nürnberg)

Carolinas Gedanken schlugen Purzelbäume. Sie wankte mehr, als sie ging, in ihr Zimmer. Seit sie sich erinnern konnte, wollte sie Nonne werden. Gleich nach der Schule fand sie freundliche Aufnahme bei den Maria Ward Schwestern, der Congregatio Jesu. Sie führten ihr geistliches Leben mitten in der Stadt Nürnberg.

Carolinas Vater war zwar nicht gerade begeistert, dass seine einzige Tochter sich der Kirche verschrieben hatte, er legte ihr aber auch keine Steine in den Weg. Im Gegenteil. Jeden Monat kam ein großzügiger Scheck, den Carolina weitergab. Sie brauchte nicht viel.

Und jetzt stand auf einmal ihr bisheriges friedliches Leben im Kloster auf dem Kopf!

Ihr Vater war tot. Unter mysteriösen Umständen verstorben. Als einzige Verwandte erbte sie seine Firma. Mit Blick auf die Uhr stellte sie fest, dass es Zeit war. Der Notartermin fand gleich statt. Außerdem sollte sie sich auch noch bei der Polizei melden.

»Guten Tag, Frau … äh Schwester … wie darf ich Sie ansprechen?« Der Notar sah Carolina an, die ihre Novizinnentracht trug.

»Sagen Sie ruhig Schwester zu mir.« Sie nickte freundlich und nahm den ihr dargebotenen Stuhl an.

»Nun, dann wollen wir das Testament ihres äh … verstorbenen Vaters verlesen.« Eine feine Röte wanderte vom Hals des Notars zum Kinn, überzog die Wange und setzte sich am Haaransatz fest.

»Es ist etwas, äh … wie soll ich sagen, delikat.«

»Nachdem ich hörte, dass mein Vater mysteriös ums Leben kam, wird mich das, was sie mir jetzt eröffnen, wohl auch nicht mehr besonders erschüttern.«

Der Notar räusperte sich und begann mit würdevoller Stimme vorzulesen.

»Geliebte Tochter!

Ich weiß, du hast deine Erfüllung gefunden. Das macht mich sehr glücklich und froh. Ich muss mir keine Sorgen um dich machen, du bist gut aufgehoben. Es war nicht immer ganz einfach, ein alleinerziehender Vater zu sein. Ich hoffe sehr, dass es dir an nichts fehlte.«

Der Notar unterbrach, denn Carolina schniefte heftig. Wortlos reichte er ihr ein Papiertaschentuch, denn nun rannen ihr die Tränen über die Wangen. Er fuhr fort:

»Damit es dir an nichts mangelte, habe ich in einem nächtlichen Gewerbe gearbeitet, um tagsüber bei dir zu sein. Ich vermache dir daher das *Klärchen* mit den beiden Shops und dem Saunaclub. Bitte übernimm das Personal. Es hat mir schon über viele Jahre die Treue gehalten.«

»Was hat er mir vererbt? Sauna? Was für Läden und was ist das *Klärchen*?«

Der Mund des Notars verzog sich zu einem schiefen Lächeln. »Wissen Sie das wirklich nicht, Frau … äh … Schwester? Natürlich nicht, woher auch«, korrigierte er sich mit Blick auf Carolina. »Sie waren ja die letzten Jahre im Kloster!«

»Ich bin nicht weltfremd! Ist das ein Bordell, das ich da vererbt bekommen habe?« Der Notar nickte. Carolina sprang auf, nahm ihre Tasche und stürzte aus der Tür, ohne eine Antwort abzuwarten.

»Sie müssen mir spätestens in einer Woche sagen, ob Sie das Erbe annehmen«, hörte sie den Notar noch rufen.

Anschließend ging sie gleich zur Polizei, wo sie von den Beamten die näheren Umstände zur Todesursache ihres Vaters erfuhr. Sie wollte weg, schnell weg, nachdenken, zur Ruhe kommen. Am Rathenauplatz stieg sie aus der Straßenbahn und ging flotten Schrittes Richtung Stadtpark. Sie ließ sich am Rand des Neptunbrunnens nieder, plätscherte mit den Händen im Wasser.

»Ich habe einen Puff geerbt! *Ich*! Papa, ich wusste ja nicht ...« Sie wischte sich über die Augen, wollte nicht wieder weinen. Kurz dachte sie daran, dass im 19. Jahrhundert der Stadtpark der Veranstaltungsort des ersten Deutschen Sängerfestes war und später hier Landesausstellungen stattfanden.

»Warum fällt mir das jetzt ein? Verflixt, ich habe doch ganz andere Probleme!«, hätte Carolina am liebsten laut gerufen. »Wirklich andere Probleme, als mich mit der Historie des Stadtparks zu beschäftigen. Schwester Benedikta muss mir helfen.«

»Meine Tochter, du wirst dich entscheiden müssen.« Schwester Benedikta brach ein Stück Brot ab, tunkte es in Dickmilch und steckte es in den Mund. Carolinas Hals war wie zugeschnürt. Sie konnte nichts essen, obwohl sie die Oberin mit einer Geste dazu aufforderte.

»Die fränkische Fastenspeise ist wirklich sehr gut, mein Kind. Man sollte nicht glauben, dass aus Kartoffeln, Zwiebeln und Dickmilch so ein feines Gericht gezaubert werden kann. Ich freue mich, dass die Kongregation die *Zämata* empfiehlt. Greif zu!«

»Mir ist eher nach Bohnen mit Dörrfleisch«, murmelte Carolina. Laut sagte sie: »Bitte, geben Sie mir einen Rat, Mutter«, und knetete nervös ihre Finger.

»Was soll ich dir raten? Viele sind berufen, aber nur wenige auserwählt.« Die Oberin lächelte. Erneut tunkte sie den Löffel in ihren Teller und nahm eine Kartoffel auf.

»Du hast jetzt die Qual der Wahl. Ich werde sie dir nicht abnehmen. Du musst selbst dahinterstehen.«

»Drei Monate habe ich noch, bis ich die Ewige Profess ablegen darf. Muss ich mich wirklich entscheiden? Was soll ich tun, Mutter? Unser Leitspruch ist doch: *Wir sind Gottes wegen für die Menschen da und der Menschen wegen für Gott.*«

»Du meinst, du kannst hier im Orden Maria Ward nach dem Vorbild der Jesuiten leben und gleichzeitig ein Bordell leiten? Wie stellst du dir das vor, Kind?«

»Ich müsste mir mal die genauen Zahlen anschauen, was mein Vater so erwirtschaftet hat. Vielleicht fällt mir etwas ein.«

Schwester Benedikta schüttelte den Kopf. Carolina entging, dass die Mutter schmunzelte, weil diese ihre Hand vor den Mund hielt.

»Wie ist dein Vater eigentlich verstorben?«

»Er hatte einen Herzinfarkt beim Liebesakt. Laut Auskunft der Polizeibeamten hat ihm der Besuch einer Liebesdienerin wohl mehr zugesetzt, als er verkraften konnte. Diese Dame gab zu Protokoll, dass mein Vater immer ein gottesfürchtiger Mann gewesen war. Seine letzten Worte: »Lieber Gott, ich komme!«

»Ist gut mein Kind. Bete jetzt und bitte darum, das Richtige zu tun.«

Schwester Benedikta aß die letzten Bissen ihrer Zämata, beugte sich über ein Buch und begann zu lesen. Für Carolina das Zeichen, dass sie sich entfernen sollte.

Carolina ging in die hauseigene Kapelle, kniete ehrfürchtig vor der Statue der Jungfrau Maria nieder. »Hilf mir, Maria, dass ich das Richtige tue.«

Im selben Moment schien die Sonne durch die großen Fenster. Ein gleißender Strahl fand seinen Weg zum Bildnis der Gottesmutter, ein anderer zeigte auf das Bild der Maria Ward, der Gründerin des Klosters.

»Natürlich! Beides geht! Das ist die Lösung!«

Je mehr die junge Novizin darüber nachdachte, umso mehr konnte sie sich mit dem Gedanken anfreunden, in einem zugleich weltlichen und auch gottgefälligen Leben Erfüllung zu finden.

»Ja, so werde ich es machen! Maria Ward, unsere Ordensgründerin, hat sich für Mädchen eingesetzt. Über das älteste Gewerbe der Welt sollte man nicht richten. Ich überlasse die Geschäftsführung im *Klärchen* der Hausdame dort, die es im Sinne meines Vaters weiterführen wird. Ich sehe ab und zu nach dem Rechten. Und als besonderen Clou wird es zwischen Aschermittwoch und Ostern immer fränkische Fastenspeisen geben.«

Carolina machte einen tiefen Knicks vor dem Kreuz. »Genauso werde ich es machen.« Dann richtete sie ihren weißen Schleier, strich die Falten des Ordensgewandes glatt. Ein glückliches Lächeln umspielte ihren Mund.

*

Fränkische Zämata Fastenspeise

„Enthaltsamkeit bei Speis und Trank" – das verlangt die Fastenzeit. (Aschermittwoch bis Ostern)
Im Spessart, wird in dem kleinen Ort Rieneck etwas Besonderes gekocht. Zämata mit Dickmilch.
Das ist ein seltsames Wort. Und wie so oft bei alten Begriffen kennt heute keiner mehr so recht den Ursprung. Für die Zubereitung der Zämata sind Historie und Sprachforschung ohnehin unwichtig. Die Zutatenliste ist überschaubar, auch das ist typisch für althergebrachte Rezepte.

Zutaten
1 kg geschälte Kartoffeln
80 g in Würfelchen geschnittene Zwiebel
80 g Butter, Salz und Pfeffer zum Abschmecken
Dickmilch

Zubereitung
Die Kartoffeln kochen. In der Zwischenzeit die Zwiebeln in der Butter schön langsam goldgelb werden lassen. Die weichgekochten Kartoffeln abgießen und die Zwiebeln über die Kartoffeln geben. Salzen und pfeffern, je nach Geschmack. Alles im Topf kräftig durchstampfen, bis eine gleichmäßige Masse entsteht – fertig ist die Zämata. Der Pfiff ist die Dickmilch. Sie kommt direkt in den Teller, während die Zämata traditionell aus dem Topf gegessen wird.

Die original Zämata – ein einfaches und schnelles Gericht – und doch auch raffiniert im Geschmack. Die durch die Zwiebeln leicht süße Kartoffelmasse harmoniert ganz hervorragend mit der Säure der Dickmilch. Ein wahrer Gaumenschmaus. Kein Wunder, dass die Zämata schon seit so langer Zeit immer wieder auf den Tisch kommt

Fränkische Knödel

Zutaten
3 Semmeln
3 Eier
130 g Mehl
etwas Milch
Salz

Zubereitung
Drei Semmeln in kleine Würfel schneiden in Schmalz gelb anrösten
aus 130 g Mehl, drei ganzen Eier, etwas Milch, wenig Salz dicken Pfannkuchenteig herstellen
das geröstete Brot hineingeben
zwei Stunden stehen lassen
Knödel formen
in kochendes Salzwasser geben

Bohnakern mit Dörrfleisch

Einen Tag vor der Zubereitung sollten die Fleischbohnen eingeweicht werden, damit sie schön weich werden.
Das Einweichwasser mitkochen, dann gibt es den perfekten Geschmack
Schweineschmalz und Kräuter verwenden. Der Schweinebauch wird in der Bohnensoße mitgekocht; das gibt einen guten Geschmack und macht das Gericht dadurch würziger

Zutaten
1 kg Fleischbohnen
60 g Mehl
etwas Zucker
60 g Schweineschmalz

0,25 l Rotwein
4 Scheiben Räucherbauch
etwas Bohnenkraut, 3 Zweige Thymian Salz, Pfeffer

Zubereitung

Die Bohnen einen Tag in Wasser einweichen. Die eingeweichten Bohnen im Einweichwasser 20 bis 30 Minuten kochen lassen.
In einem weiteren Topf Schweineschmalz erhitzen, Zucker leicht karamellisieren,
mit Mehl bestäuben, bis sich am Topfboden unter ständigem Rühren eine braune, breiähnliche Masse bildet
die Mehlschwitze mit Rotwein ablöschen,
1,5 Liter Einweichwasser, Bohnen, Räucherbauch, etwas Bohnenkraut und den Thymian dazugeben, salzen und pfeffern
45 Minuten köcheln lassen und noch mal mit Salz und Pfeffer abschmecken.
Serviert werden die Bohnenkerne mit dem Dörrfleisch und einem Kartoffelknödel

Anne Griesser

Das Weißenburger Rehbraten-Massaker

(Weißenburg)

Ach Geli, das ist aber nett, dass du mich mal zu dir einlädst! Bei mir ist das zurzeit ja nicht so einfach mit Besuch, wie du weißt.

Wir müssen jetzt zusammenhalten, wir beide. Ich hoffe, es gibt keine Schwierigkeiten mit dem Notar?

Ein Gläschen Wein? Aber gerne! Das ist doch ein fränkischer? Du weißt, einen anderen trinke ich nicht. Ah, aus dem Steigerwald! Ein *Bullenheimer Paradies*? Hm, süffig.

Dann schieß mal los, sagst du? Also wirklich! Du solltest schon ein bisschen auf deine Wortwahl achten!

Ich weiß gar nicht, ob ich jetzt darüber reden will. Ich hab das doch schon hundertmal erzählen müssen! Glaubst du etwa, das hätte mich nicht mitgenommen?

Ja, natürlich. Der Herbert ist nicht nur mein Mann, sondern auch dein Bruder. Schon recht. Aber muss es denn ausgerechnet heute sein, wo wir gerade so gemütlich beieinander ...

Bitte Geli – jetzt reg dich nicht gleich auf! Nimm doch auch ein Gläschen Wein, der ist gut fürs Gemüt. Also, wenn du es unbedingt hören willst: Eure Tante Zilly hat es sich in den Kopf gesetzt, ihren 75. Geburtstag bei uns in Weißenburg zu feiern. Hatte wahrscheinlich Heimweh, die Arme, weil sie doch schon ihr halbes Leben lang da oben in Norddeutschland sitzt, wo man die Leute so schlecht versteht. Aber natürlich, das schöne große Anwesen, das sie von ihrem Oskar geerbt hat, will sie halt auch nicht aufgeben. Du kennst sie ja, stur ist sie schon immer gewesen.

Nun unterbrich mich doch nicht. Ich muss schon von vorne anfangen, wenn ich dir alles erzählen soll.

Also, gepasst hat sie uns nicht so recht – die Geburtstagsfeier, meine ich, weil unser Moritz am selben Abend noch ein Blockflötenkonzert in der Schule hatte. Aber *du* warst ja mit deinem neuen Lover irgendwo in Spanien unterwegs, da blieb eben alles an uns hängen. Der Herbert fand das nicht so toll, das muss ich schon sagen.

Seit Oskars Tod hat eure Tante ja nur noch dich, den Herbert und mich, was blieb uns also anderes übrig als *ja* zu sagen?

Die Erbschaft? Jetzt hör aber auf! Die Erbschaft hatten wir überhaupt nicht im Hinterkopf, was denkst du denn von uns! Wir machten uns nur Sorgen um Tante Zilly.

Na, ja. Ein bisschen schwierig ist sie schon geworden im Laufe der Jahre. Das hast du sicher auch bemerkt. Und dieser Jähzorn! Dass man sich in dem Alter so wenig im Griff hat! Aber das ist genau wie bei Herbert, wenn der erst mal richtig austickt …

Muss bei euch in den Genen liegen.

Tante Zilly hat sich also zum Geburtstag das *besoffene Reh* von uns gewünscht. Das Rezept hat sie uns vorher zugeschickt, damit wir bloß nichts falsch machen. Handschriftlich, ich konnte es kaum lesen. Sie kann es ja selbst nicht mehr kochen, seit sie dieses schreckliche Rheuma plagt.

Der Herbert hat mir dann geholfen, damit nichts schiefgeht. Ich meine, du weißt ja, wie launisch Zilly ist. Wegen jeder Lappalie kann sie sich aufregen.

Nein! Jetzt fang nicht schon wieder mit der Erbschaft an! Wir wollten ihr nur eine Freude machen, wo du doch in Spanien ...

Nein, der Herbert hat das Reh nicht geschossen, sonst wär sicher alles anders gekommen. Für die Jagd hat er schon lange keine Zeit mehr, erst recht nicht, seit er im Römermuseum aushilft. Wir haben das Rehfleisch in Pleinfeld beim Hubertushof gekauft, kennst du den?

Ich kann dir sagen, ein ziemlicher Aufwand, mit diesem Braten! Erst mal muss das Fleisch mindestens zwei Tage lang in eine Beize aus Buttermilch, Rotwein und diversen Gewürzen. Ja, das ist sehr wichtig, damit der Wildgeschmack verschwindet. Außerdem ist das Rehfleisch von Natur aus sehr mager, man muss ihm Flüssigkeit zuführen und es später mit geschlossenem Deckel langsam braten, damit es nicht austrocknet.

Nun, es stand natürlich im Keller, wo es schön kühl ist.

Wirklich, Geli, ich hab aufgepasst wie ein Luchs. Es kann also nur der Herbert gewesen sein oder der Moritz – obwohl sie es beide hinterher abgestritten haben. Auf jeden Fall stand die Kellertür an jenem Abend sperrangelweit offen, vielleicht hat der Hund sie aufgemacht? Wer weiß das schon im Nachhinein. Unser Brutus hat sich noch die Beize von der Schnauze geleckt, als er aus dem Keller getrottet kam, aber vom Reh war nichts mehr übrig. Gar nichts. Niente.

Ja, ein ziemliches Drama!

Nein, Geli, so einfach war das nicht. Ich hab dir doch gerade erklärt, dass das Fleisch unbedingt zwei Tage lang eingelegt werden muss. Und wo hätten wir überhaupt ein neues Reh hernehmen sollen? Es war schon Samstagabend, die Nacht vor dem Geburtstag!

Der Herbert ist völlig ausgerastet. Er hat die Tür vom Waffenschrank einfach aufgebrochen, war ihm wohl zu umständlich, nach dem Schlüssel zu suchen. Wenn er in Rage ist, dann handelt er zuerst und denkt später. Wenn überhaupt.

Wirklich Geli, der arme Hund hat mir schon leid getan. Er konnte ja nichts dafür, ist doch nur ein Tier.

Zum Glück hat der Moritz bei einem Mitschüler übernachtet – stell dir mal vor, er hätte das miterleben müssen! Wo er doch sowieso so labil ist mit seiner ADHS und der Hochbegabung. Der Hund war sein einzig wahrer Freund.

Na, wir haben den Kadaver dann erst mal in den Keller geschafft, was hätten wir schon tun sollen, nachts um halb elf?

Als sich der Herbert wieder beruhigt hatte, haben wir versucht, jemanden von der Jägervereinigung in Weißenburg zu erreichen, aber es war wie verhext – es ging einfach niemand ans Telefon. Dann sind wir noch mal nach Pleinfeld zum Gasthof Paul gefahren, weißt du, Geli, die sind dort berühmt für ihre Wildspezialitäten, das Restaurant war an dem Wochenende allerdings geschlossen und da gab es kein Reh und auch sonst kein Fleisch.

Der Herbert war völlig fertig mit den Nerven. Wo sich doch die Tante Zilly so auf den Braten gefreut hat – und wo sie immer so empfindlich auf Enttäuschungen reagiert! Sie hatte schon das eine oder andere Mal angedeutet, dass sie ihr Vermögen genauso der Rheuma-Liga ...

Aber daran haben wir selbstverständlich in dem Moment überhaupt nicht gedacht!

Also, ich hab den Herbert dann ins Bett geschickt. *Ich lass mir was einfallen,* hab ich ihm gesagt und er solle sich keine Sorgen machen. Als ich ihn schnarchen hörte, bin ich runter in den Keller geschlichen, um nachzudenken.

Die Zilly ist ja nicht mehr die Jüngste, dachte ich, und sie hat nicht nur Rheuma, sondern auch diesen chronischen Schnupfen, da kann sie doch gar nicht so genau herausschmecken, was auf dem Teller liegt – wenn also der Rest vom Rezept stimmt ...

Ja, und wie dann mein Blick so auf den Hundekadaver ...

Also wirklich, Geli! In China machen sie das doch auch und keiner denkt sich was dabei!

Das Filetstück lag immerhin noch acht Stunden in der Beize. Der Herbert hat gar nicht mehr gefragt, was ich mir hab einfallen lassen. Möglich, dass er etwas ahnte, aber gesagt hat er nichts.

Am nächsten Vormittag hab ich den Braten genau nach Rezept zubereitet. Es roch wirklich lecker und alles schien in Ordnung, sogar der Herbert war ausgeruht und guter Laune.

Jetzt sei doch nicht so ungeduldig! Ja, ich nehme gerne noch ein Schlückchen Wein. Kann ich gut brauchen, bei dem, was jetzt kommt!

Gegen zehn brachte die Mutter von Kevin unseren Moritz zurück. Er hatte schlechte Laune, weil er Tante Zilly nicht ausstehen kann und wenn er mies drauf ist, ist gar nicht gut mit ihm Kirschen essen. Der Psychologe sagt, das käme von der Hochbegabung, da sei man eben manchmal unausgeglichen, wenn die richtige Herausforderung fehlt.

Kann schon sein, dass es diesmal meine Schuld war. Ich muss vergessen haben, den Schlüssel abzuziehen – und als ich Moritz brüllen hörte, war es natürlich zu spät. Er ist völlig ausgetickt, als er den Hund ... sah ja auch wirklich nicht mehr appetitlich aus.

Mörder!, hat er geschrien, immer wieder *Mörder*! Mir ist es richtig kalt den Buckel runtergelaufen. Das hat er von eurer Familie, Geli. Diese Wutausbrüche.

Darüber zu reden fällt mir wirklich nicht leicht. Siehst du, wie ich zittere?

Mein Gott, wenn ich daran denke, dass es auch mich hätte treffen können! Aber es war eben der Herbert, der nach dem Braten sah.

Dein Bruder ist einen ganzen Meter zurückgeflogen und mit einem lauten Knall auf dem Boden gelandet. Anfangs hat er noch gezappelt, aber dann ist er blau angelaufen und hat sich nicht mehr bewegt.

Na, ja. 400 Volt. Den meisten Menschen macht das nichts aus, habe ich gelesen, doch mit einem Herzschrittmacher, wie beim Herbert ...

Ja, tragisch. Wirklich tragisch.

Nun, es war eben ein ziemlich alter Herd. Nicht mehr richtig geerdet, vermutlich. Irgendeine defekte Isolierung. Und stell dir mal vor, der Moritz war vorher auch in der Küche und hat etwas am Backofen gemacht! Zum Glück ist ihm nichts passiert! Er war fast so zornig, wie einen Abend vorher sein Vater.

Nein, nein, nein! Der Psychologe sagt, das kann nicht sein! Eher hätte er den Braten aus dem Fenster geworfen, aber niemals hätte der Moritz am Ofen rumgebast ...

Also, nun mach mal halb lang! Ich hab gleich gesehen, dass da nichts mehr zu retten war! Wenn ich einen Notarzt ... das hätte wirklich niemandem mehr genützt. Und ich musste ja die Tante Zilly vom Zug abholen.

Na ja, er war ganz schön schwer, doch weißt du, als Altenpflegerin ist man so einiges gewöhnt. Mit dem Rautek-Griff hab ich es geschafft, Herbert ins Schlafzimmer zu verfrachten und ins Bett zu hieven. Dann bin ich mit dem Moritz zum Bahnhof gefahren.

Dem Tantchen habe ich erzählt, der Herbert sei noch mit dem Hund draußen, käme aber sicher gleich zurück und wir sollten schon mal mit dem Festessen anfangen.

Kaltblütig? Abgebrüht? Wieso denn? Das wäre ganz in Herberts Sinn gewesen! Es ist doch niemandem gedient, wenn Tante Zilly ihr Vermögen der Rheuma Liga ... schenkst du mir bitte noch ein Gläschen Wein ein?

Also, wo sind wir stehengeblieben?

Hm. Das Festessen.

Moritz war ziemlich verstockt, hat kein Wort geredet und sich strikt geweigert, auch nur einen Bissen vom Braten zu versuchen. Mir selbst ist der Appetit auch ein wenig vergangen, aber Tante Zilly hat reingehauen wie ein Scheunendrescher. *Fantastisch, Jutta,* hat sie bestimmt fünfmal gesagt – und sie hätte gar nicht gewusst, dass ich so gut kochen könne. Nur auf den Herbert war sie ein bisschen sauer, weil er so lange mit dem Hund draußen blieb, ausgerechnet an ihrem 75. Geburtstag, und wo du doch schon in Spanien ...

Ja, das Schicksal ist ein grausamer Geselle, Geli! Als wären wir nicht schon genug gestraft gewesen!

Es war bei ihrer dritten Portion. Genau weiß ich es nicht, aber ich vermute, es war das Geschoss. Also, die Kugel. Muss im Filetstück gesteckt haben und ist ihr in den falschen Hals geraten.

Natürlich habe ich ihr gleich auf den Rücken geklopft! Hat nur nichts genutzt, also hab ich sie Kopf nach unten über eine Stuhllehne gehängt und den Moritz gebeten, sie festzuhalten. Leider war sie zu schwer für den armen Bub. Ist zusammengebrochen und mit dem Kopf in den Klößen gelandet. Der Knödelbrei ist bis an die Wand gespritzt – schon komisch, worauf man in solchen Momenten achtet, nicht wahr?

Ein Luftröhrenschnitt? Bist du verrückt? Ich konnte ihr doch nicht einfach den Hals aufschlitzen, wo der Moritz direkt daneben stand, na, du bist vielleicht witzig, Geli!

Ich wollte natürlich die 112 wählen, aber da roch ich den Rauch und aus der Küche schlugen schon Flammen.

Feuerlöscher? Nein, so etwas besitzen wir nicht. Und die Sanitäter wären doch nie und nimmer rechtzeitig gekommen.

Ja. Bis auf die Grundmauern. Mitsamt Tante, Hund und Herbert.

Ach, schon okay. Ich habe die Wohnung sowieso nie sonderlich gemocht. Und jetzt, mit der Erbschaft von Tante Zilly, kann ich mir sicher etwas Besseres leisten, meinst du nicht auch?

Was soll das heißen, du willst das Vermögen nicht mit einer wie mir teilen? So steht es nun mal im Testament, da kannst du gar nichts dagegen ...

Selbstmord? Verständlich nach all den Schicksalsschlägen?

Jetzt mach dich nicht lächerlich, Geli! Du solltest mich besser kennen.

Ob ich noch ein Gläschen Wein haben möchte?

Von dem *besonderen Bullenheimer Paradies* ...?

Oh mein Gott ... du hast doch nicht etwa ...?

Geli? Geli!

*

Fränkischer Rehbraten

Zutaten

1,5 kg Rehbraten
1,5 Liter Buttermilch
250 ml trockenen Rotwein
2 Esslöffel Wildgewürz
2 Esslöffel Butterschmalz
2 Becher Sauerrahm
0,5 Liter Brühe
0,25 Liter trockenen Rotwein
1 gelbe Rübe, geputzt und zerkleinert
6 Wacholderbeeren
1 Knoblauchzehe
3 Zwiebeln, geschält und zerkleinert
wer mag: Steinpilze oder gemischte Pilze und Johannisbeergelee
Salz und Pfeffer
Thymian

Zubereitung

Zwei Tage wird das Rehfleisch in eine Beize aus Buttermilch, Rotwein und Wildgewürzen eingelegt. Das Fleisch sollte vollkommen mit Flüssigkeit bedeckt sein, Deckel drauf und an einen kühlen Platz stellen.
Am dritten Tag wird das Fleisch aus der Beize genommen. Beize aufheben, Fleisch waschen und trocknen, mit Salz und Pfeffer würzen und goldbraun im Butterschmalz anbraten. Fleisch beiseite legen, Zwiebeln anbraten, Sauerrahm hinzugeben.
Jetzt mit dem halben Liter Brühe und dem viertel Liter Rotwein aufgießen. In diese Soße kommen Thymian, die gelbe Rübe, die Wachholderbeeren und der Knoblauch.

Wer mag kann die Pilze hinzugeben, die nach dem Zerkochen der Soße einen waldigen Geschmack abgeben
Nun den Braten wieder in den Bratentopf, Deckel schließen (sonst trocknet das Fleisch aus) und für etwa 2 Std. bei 180°C in den Backofen.
Immer wieder mal den Flüssigkeitsstand kontrollieren und bei Bedarf Wasser oder gesiebte Beize nachgießen.
Etwa 30 Minuten vor dem Verzehr wird das Fleisch aus der Röhre genommen und ausgelöst, dann ohne Deckel – aber mit ausreichend Soße – wieder in den Ofen schieben.
Danach den Herd ausschalten und das Fleisch ruhen lassen, bis es aufgeschnitten wird. Die Soße kann noch mit Johannisbeergelee verfeinert werden.
Blaukraut und Knödel dazu reichen. Ein Klecks Preiselbeeren und/oder eine blanchierte Birne rundet das Gericht ab

KATRIN JACOB

Fränkisches Bierfleisch an mörderischem Salat

(Gunzenhausen)

Ein Film aus Seife, Schweiß und feinstem Staub kribbelte auf ihrer Haut. Das kurze braune Haar klebte ihr an Stirn und Ohren. Marie legte ihren Kopf in den Nacken und starrte an die Decke. Vier Meter Luft, so schätzte sie, lagen zwischen ihr und der einfachen Dachkonstruktion von St. Marien, der kleinen Stadtkirche im Zentrum von Gunzenhausen. Marie liebte diese Mischung der unterschiedlichen architektonischen Strömungen katholischer Bauten aus Gotik, Barock und Neugotik, gepaart mit der einfachen protestantischen Lebensart. In den hölzernen Bänken dieses Gunzenhausener Juwels fand sie wieder zu Ruhe und Frieden. Genau das, was die junge Köchin bitter nötig hatte, seit Mikael de Brut, der holländische Fünf-Sterne-Star der Restaurantbranche und Fernsehmoderator, mit seinem Team in ihre kleine fränkische Welt eingebrochen war. Seine Idee von einem Kochwettbewerb zwischen den heimischen Restaurants mit ihren regionalen Spezialitäten elektrisierte zuerst alle, denn der Gewinn versprach nicht nur eine Menge Geld, sondern auch die Chance auf deutschlandweite Präsenz in den Medien. Eine Art von Aufmerksamkeit, die sich weder Marie noch ihre Kollegen je hätten erträumen, geschweige denn leisten können.

Doch jetzt, eine Woche nach Start des Projekts, begannen sich ihre Kollegen und Freunde untereinander zu mobben, brachen unterschwelliger Neid und Streit über die besten Rezepte und Kochmethoden offen aus. Schlimmer noch: Das alles wurde live in die deutschen Haushalte übertragen. Und de Brut? Der verteilte geschickt kleine Bosheiten, um den Machtkampf immer weiter köcheln zu lassen. De Brut schürte den Streit unter den Köchen, spielte sie vor laufender Kamera gegeneinander aus und trieb so manchen an den Rand des körperlichen Zusammenbruchs.

Alles für die Einschaltquote!

Von den zehn teilnehmenden Gunzenhausener Köchen waren noch fünf im Wettbewerb. Die Luft wurde immer dünner. Jeden Tag mussten die Köche ihre besten Rezepte mit regionalen Zutaten neu interpretieren und sich im direkten Vergleich beweisen. Jeden Tag! Was bedeutete, dass ihnen lediglich die Nacht blieb, um die Speisen wenigstens einmal zur Probe kochen zu können. Und das neben dem regulären Restaurantbetrieb. Was eigentlich Maries Ehrgeiz entfachen sollte, ließ sie jedoch immer kälter werden.

Musste sie gewinnen?

Ja!

Wollte sie gewinnen?

Nicht mehr um jeden Preis.

Marie richtete sich in der Kirchenbank auf, reckte ihre Arme über den Kopf und seufzte. Sie dachte ans *Röschen,* ihr kleines Restaurant am westlichen Stadtrand von Gunzenhausen, das sie von ihrer Großmutter geerbt hatte und das der Grund für die Rückkehr in ihre Geburtsstadt gewesen war. Marie rieb sich den Rücken. Sie hatte die Bequemlichkeit von Holzbänken etwas überschätzt. Ihr Blick fiel auf das Christopherusbild an der Stirnwand des südlichen Seitenschiffes, das aus dem Jahre 1498 stammte. Es zeigte einen bulligen Riesen, der einen kleinen Jungen mit Heiligenschein auf seinen Schultern durch tiefes Gewässer trug. Ehemals als Heiliger verehrt und später seiner Heiligkeit durch die Kirchenoberen verlustig gegangen, war er für viele Menschen immer noch der Schutzpatron gegen die Gefahren des Lebens. Marie spürte die feuchte Kälte, die vom Steinboden der Kirche in ihre Beine kroch. Ein Blick auf die Armbanduhr mahnte sie, sich endlich wieder in ihre Restaurantküche zu begeben. Das Mittagsgeschäft würde in zwei Stunden starten und sie hatte noch keine Idee, welches Rezept sie für die heutige TV-Sendung dieses vermaledeiten Holländers vorbereiten sollte.

Plötzlich schlug die Holztür des nördlichen Tors der Kirche krachend gegen die Steinwand. Marie erschrak und erkannte ihre Küchenhilfe Anna, die schreiend und mit den Armen wedelnd hereingestürmt kam.

Anna blieb kurz stehen. Sie sah sich aufgeregt um, wobei sie immer wieder atemlos Maries Namen rief. »Ist ja schon gut, Anna. Ist ja schon gut«, sprang Marie zu ihr. »Ich bin hier.«

Erleichtert sank Anna auf die Knie und bekreuzigte sich.

»Jetzt beruhige dich erst einmal. Steh auf. Du musst dich hier nicht bekreuzigen. Das ist eine protestantische Kirche.« Marie zog ihre siebzehnjährige Küchenhilfe wieder auf die Füße.

»Aber wir können jede Hilfe gebrauchen. Du musst sofort kommen«, stotterte Anna und Tränen rannen ihr über die Wangen. »Der Karl! Der Karl ist tot!«

Marie erstarrte. Karl Prandtner! Der Karl Prandtner, dem das führende Restaurant der Gegend gehörte? Der Prandtner Karl – *tot*!

»Was ist passiert?« Maries Stimme brach.

»Ich weiß es nicht genau«, erwiderte Anna, die sich ihre Tränen mit dem Ärmel der Bluse abwischte. »Sie haben ihn in seiner Küche gefunden. Er lag am Boden und das Essen war total verkocht! Das schöne Bierfleisch.« Marie sah auf das Bild des heiligen Christophorus und bat ihn stumm, ihr Kraft zu geben. Dann verließ sie mit Anna die Kirche.

Nur wenige Minuten später kamen die beiden jungen Frauen an der Hintertür des *Bären* an, dem Restaurant, das

Karl Prandtner aus dem Nichts heraus erschaffen und zur ersten kulinarischen Adresse Mittelfrankens gemacht hatte. Die übrig gebliebenen Köche des Wettbewerbs standen in einer kleinen Gruppe beieinander und ließen die Köpfe hängen. Abseits von ihnen unterhielt sich ein kurzgewachsener, grobschlächtiger Mann mit einer jungen Frau, wobei er ihr die ganze Zeit in den Ausschnitt starrte. Es war der Sternekoch Mikael de Brut mit seiner Assistentin. Marie stellte sich zu ihren drei Kollegen und versuchte mit gespitzten Ohren, Wortfetzen von de Bruts erhitztem Monolog zu hören. Doch vergebens. Sie verstand kein Wort. Lediglich die erregte Stimme und das hektische Geflüster ließen Marie ahnen, dass die beiden nichts Gutes im Sinn hatten. Während sie noch überlegte, was das sein könnte, trugen zwei Männer einen silbergrauen Sarg durch die Hintertür zur schwarzen Limousine des örtlichen Bestatters. Anna und Marie kämpften erneut mit den Tränen. Doch während Anna hemmungslos zu schluchzen begann, biss sich Marie auf die Lippen. Sie brauchte einen klaren Verstand, trauern musste sie später.

De Brut klatschte in die Hände. Wie beabsichtigt erhielt er so die Aufmerksamkeit der Köche. Just in dem Moment, als Marie sich zu dem Holländer umdrehte, sah sie seine Assistentin durch die Hintertür in die Küche des *Bären* schleichen. »Ich bitte um Ihre geschätzte Aufmerksamkeit«, säuselte de Brut. »Der Tod unseres Freundes ...«, er nannte noch nicht einmal seinen Namen, »... hat uns alle tief getroffen. Aber ...« er warf seinen rechten Arm in die Luft, »aber wir dürfen uns davon nicht aus der Bahn werfen lassen. Wir müssen weitermachen. Wir werden heute Abend die nächste Sendung aufzeichnen. Und wir werden sie dem Toten widmen. Ihm zu Ehren ...«

Marie hörte nicht länger zu. Sie ertrug es einfach nicht. Mikael de Brut hatte ihren besten Freund und Mentor auf dem

Gewissen, davon war Marie felsenfest überzeugt. Karls Herz hielt dem Stress einfach nicht stand. Diesmal war der Infarkt tödlich, hatte der Arzt geflüstert, als er Marie umarmte, um sie zu trösten. Sie wusste, dass Karl erst vor zwei Jahren einen Herzanfall nur knapp überlebt hatte. Doch aufgeben war nie eine Option für ihren väterlichen Freund gewesen.

Von Erinnerungen überwältigt schloss Marie für einen kurzen Moment die Augen. Dann sah sie, wie de Bruts Assistentin wieder aus der Küche trat. Sie stellte sich hinter ihren Chef, diesen aufgeblasenen Pfau, und hielt ihm eine Mappe hin. Er griff sie und wedelte damit vor den Nasen der Köche herum. »Das sind die Rezepte unseres Freundes. Und ich habe mich entschlossen, sie in Buchform zu veröffentlichen. Damit ehren wir einen der größten Köche Frankens ...«

»... und spülen dir einen Menge Geld in die Kasse«, murmelte Marie.

»Die Geier kreisen«, wisperte Anna und schluchzte noch einmal kurz auf. »Was sollen wir nur tun?«

Marie drehte sich zu ihr und schob sie von der Gruppe weg. »Zuerst muss ich telefonieren! Und dann werden wir uns etwas einfallen lassen.«

Marie und Anna hasteten durch die Straßen von Gunzenhausen. Im *Röschen* angekommen, lief Marie sofort in ihr kleines Büro, ein abgeteilter Glaskäfig in der Küche des Restaurants, und kramte unter den Papierstapeln auf dem Schreibtisch nach dem Telefon. Sie wählte eine Nummer, die sie seit Jahren nicht benutzt, aber immer noch im Kopf hatte. Als Marie den Klingelton hörte, drehte sie sich in den Raum und beobachtete Anna, die sich ihre Küchenkleidung angezogen hatte und gerade dabei war, die Oberlichter der Fenster zu öffnen. Später, wenn die Wärme der Herde und der Scheinwerfer dazu kämen, wäre die Hitze kaum auszuhalten.

Marie beobachtete Anna, die gerade eine Kiste mit frischen Zutaten aus der Kühlung holte, als am anderen Ende des Telefons eine vertraute Stimme ertönte.

Marie umging den üblichen Smalltalk und stellte nur eine Frage: Was wusste ihr Kontakt über Mikael de Brut? Und ihr Kontakt wusste eine Menge. Der Starkoch, so munkelte man in der Branche, stecke in großen finanziellen Schwierigkeiten. Er brauche dringend einen Clou und die Gunzenhausener Köche sollten ihm diesen liefern. Und wie die Einschaltquoten zeigten, war de Brut auf dem besten Weg, wieder zu alter Größe zurückzukehren. Marie dankte ihrem Freund aus Studientagen – ein hohes Tier im Vorstand des privaten Fernsehsenders, in dem die Kochshow ausgestrahlt wurde – legte auf und lief zu Anna. Eines stand für Marie fest: De Brut war gerissen genug, um zu wissen, dass er mit Karls Rezeptheft pures Gold in den Händen hielt. Es war eine einmalige Zusammenstellung von jahrhundertealten Rezepten und Kochmethoden, die Karl Zeit seines Lebens gesammelt hatte. Rezepte, mit deren moderner Interpretation er bis heute die Gaumen seiner Gäste erfreut hatte. Sein Schatz, den Karl, wie er oft betonte, eines Tages an Marie weitergeben würde.

Und nun sollte de Brut für Karls Vermächtnis der fränkischen Küche so viel Geld einstreichen, dass es bis ans Ende seines Lebens reichen würde?

»Anna, ich brauche deine Hilfe«, rief Marie ihrer Küchenhilfe zu.

»Alles, was du willst.« Anna sah ihre Chefin direkt an.

»Du musst etwas besorgen. Eine spezielle Zutat, die wir heute bis zur Sendung brauchen.«

Marie hatte in den vergangenen Sendungen erlebt, wie de Brut in seiner Gier fraglos alles verschlang, was ihm vorgesetzt wurde. Der frühere Starkoch achtete die Arbeit der anderen Köche so wenig, wie er darauf achtete, was er aß. Ein Umstand, den sich Marie heute Abend zu Nutzen machen würde.

»Was willst du zubereiten?«, wollte Anna wissen.

»Wir kochen Karls Spezialität: *Fränkisches Bierfleisch mit Kartoffelknödeln an Salat*.«

Am kommenden Morgen dröhnte die Meldung vom Tod des berühmten Fernsehkochs Mikael de Brut durch alle Radiosender. Maria und Anna standen in der Restaurantküche und nippten an ihrem Tee. »Schlimme Sache«, meinte Marie. Brummend stimmte Anna zu und schob die Reste des Christophskrauts in den Mülleimer. Maries Großmutter hatte immer davor gewarnt, dass die bläulichen Beeren giftig wären. Doch ganz sicher war das nicht. Sicher war aber, dass man deren leicht bitteren Geschmack mit der süßlichen Note von Frostschutzmittel gut überdecken konnte.

Und wie sich zeigte, bildeten die marinierten Beeren das tödliche I-Tüpfelchen auf Maries mörderischer Salatkreation.

Karls Rezepte lagen hinter den jungen Frauen auf der Arbeitsfläche, die im Sonnenlicht glänzte. Anna hatte das Heft während der Aufzeichnung aus de Bruts Wohnwagen entwendet. Niemandem war es aufgefallen, denn niemand achtete auf eine einfache Küchenhilfe. Marie hatte entschieden, Karls Vermächtnis als Buch verlegen zu lassen. Mit dem Geld würde sie eine Stiftung in seinem Namen ins Leben rufen. Karls mittelfränkische Küche würde überleben.

*

Fränkisches Bierfleisch mit Knödeln und Salat

1 kg Rindfleisch (aus der Oberschale oder Hüfte)
500 g Kartoffeln (vom Vortag in der Schale gekocht)
1 Ei
roter Eichblattsalat
0,3 l Märzen
0,25 l Gemüsebrühe
Mehl
Pfeffer, Salz, scharfes Paprikapulver
Butterschmalz
Sonnenblumenöl
Essig
Evtl. Sauerrahm
Soßenbinder

Das Fleisch waschen und trocken tupfen, mit Salz, Pfeffer und Paprikapulver von allen Seiten einreiben. Brühe erwärmen. Butterschmalz im Bräter erhitzen.
Das Fleisch von allen Seiten scharf anbraten, dann mit der heißen Brühe ablöschen und langsam das Bier hinzufügen. Zugedeckt zirka 1 ½ Stunden auf kleiner Hitze schmoren.
Gekochte Kartoffeln schälen und in einer Schüssel mit einer Gabel fein zerdrücken. Das Ei, Pfeffer und Salz hinzugeben.
Vorsichtig etwas Mehl hinzufügen und vermengen. Immer weiter Mehl hinzufügen, bis sich eine homogene, feste aber noch geschmeidige Masse bildet.
Daraus die Knödel in beliebiger Größe formen.
Wasser zum Kochen bringen und salzen. Knödel hineinlegen und leise sieden lassen. Wenn die Knödel an der Oberfläche schwimmen, sind sie gar.
Den Salat waschen und mundgerechte Stücke auf einem Teller verteilen. Mit Öl, Essig, Salz und Pfeffer anrichten.

Nun das Fleisch herausnehmen und unter Alufolie warm halten. Wenn Sie die Soße abmildern wollen, dann rühren Sie noch einen kleinen Löffel Sauerrahm darunter. Ansonsten die Soße mit Soßenbinder abbinden.
Das Fleisch in Scheiben schneiden und noch einmal kurz in der Soße erwärmen. Die Knödel aus dem Wasser nehmen. Alles auf vorgewärmten Tellern verteilen und servieren.

Anne Hassel

Doppelter Heißhunger

(Miltenberg)

Amelie kocht.

Schweinebraten.

Fränkischen Schweinebraten mit dunkler Brotsoße.

Normal ist das nicht, denn Amelie liebt die italienische Küche. Aber wenn sie dieses Gericht zubereitet, wird es schlimm. Sehr schlimm. Dann verspürt Amelie neben Gelüsten auf die deftige fränkische Küche auch Gelüste auf Männer.

Zum Glück war es bisher nicht so oft der Fall, doch die paar Mal reichten. Alle drei Liebesverhältnisse endeten nicht gerade erfreulich für die armen Kerle, auf die Amelie es abgesehen hatte.

Nicht etwa, dass sie die Objekte ihrer Begierde mit dem Essen umbringen würde. Im Gegenteil. Sie füttert die Männer damit und diese genießen das. Schließlich ist es eine leckere Kombination aus: Fleisch vom Schwein, Gemüse, dunklem Brot und ebensolchem Bier aus der heimischen Brauerei. Aus dem Schwarzviertel Miltenbergs, dieser kleinen romantischen Stadt am Untermain mit der Burg, den vielen Fachwerkhäusern, dem wahrscheinlich ältesten Gasthaus Deutschlands und dem berühmten historischen Marktplatz.

Auch mir schmeckt das Gericht, obwohl ich nur wenig davon abbekomme.

»Für Hunde ist das ungesund«, sagt Amelie und egal, wie traurig ich schaue, es nutzt nichts. Dabei sind es doch gerade die ungesunden Dinge, die das Leben lebenswert machen. Auch für Tiere.

Also, wie schon angedeutet, endeten die bisherigen Beziehungen meines Frauchens immer in einem Fiasko. Und die Männer überlebten dieses nicht.

Der Erste kollidierte mit einem Fahrrad, als er nach einem Streit aus dem Haus lief. Hatte das Rad einfach übersehen, der arme Kerl und war dann so unglücklich mit dem Kopf auf die Bordsteinkante gestürzt, dass er nicht mehr aufstand.

Der Zweite trank immer mehr hochprozentigen Alkohol, bis seine Leber es nicht mehr schaffte und aufgab. Mit einem seligen Lächeln auf dem Gesicht schlief er ein. Einfach so. Amelie behauptete, sie wäre nicht der Anlass für seinen unmäßigen Konsum von Schnaps gewesen. Ich bin mir da nicht so sicher.

Was mit dem Dritten geschah, weiß ich nicht so genau. Er verschwand an einem eisigen Wintertag mitten in der Nacht. Das Thermometer zeigte damals eine zweistellige Zahl im unteren Bereich. Sehr ungewöhnlich für unsere Gegend. Bekleidet war der Ärmste nur mit Hemd und Hose. Jedenfalls kam auch der nicht wieder und wenig später las mir Amelie aus der Zeitung die Todesanzeige vor.

Ja – und jetzt ist es wieder so weit!

Amelie kocht.

Schweinebraten.

Fränkischen Schweinebraten mit dunkler Brotsoße.

In einem großen Topf brät sie das Fleisch mit der Kruste ringsum an, gibt dann das Gemüse, die Brotstücke dazu und wartet so lange, bis alles gebräunt ist. Anschließend stellt sie den Bräter in den Backofen. Der köstliche Duft zieht durch alle Räume, da Amelie keine Türen schließt. Niemals. Sie ersticke angeblich in engen Räumen. Ich lege mich im Schlafzimmer auf die Decke vor Amelies Bett. Bestimmt nicht lange. Wahrscheinlich werde ich heute Abend erneut in den Flur umziehen müssen.

Es ist spät, als wir nach draußen gehen. Ich höre den Lärm der jährlich Ende August bis Anfang September stattfindenden Michaelismesse am Mainufer, zu der Amelie mich stets mitnimmt. Rieche, als wir über die Brücke gehen, was an einigen Ständen verkauft wird: gebrannte Mandeln, Fischbrötchen, Würstchen. Einerseits liebe ich dieses Volksfest, das viele Menschen in Miltenberg besuchen. Andererseits kann ich nachts erst sehr spät zur Ruhe kommen, denn Musik und Gesang aus dem Festzelt dringen dann sogar durch die geschlossenen Fenster hier in unsere Wohnung in der Brückenstraße auf der linken Seite des Mains.

Ein dicker Mond steht am Himmel, im Wasser spiegeln sich die bunten Lichter des Riesenrads und all der anderen Vergnügungsgeschäfte. Es ist herrlich durch das Gitter des Brückengeländers zu sehen, obwohl ich sehr darauf achten muss, nicht von den unterschiedlichsten Füßen der Messebesucher getreten zu werden. Auf dem Gelände ist es noch unübersichtlicher, doch bei den Autoscootern fühle ich mich sicherer. Hier halten sich nicht so viele Menschen auf. Vielleicht nur diejenigen, die darauf warten, dass sie jemand anspricht. So wie Amelie. Sie interessiert sich nicht für die Lichterketten oben und am Fußboden, die abwechselnd in den Farben weiß, rot, blau und gelb blinken. Nicht für die Musik, die aus den Lautsprechern dröhnt.

Sie wartet. Wippt von einem Fuß auf den anderen. Dreht den Kopf von links nach rechts. Erinnert mich an eine Spinne, die auf Beute lauert.

Nun ist Amelie ja nicht mehr die Jüngste, eine Tatsache, die sie gut mit Make-up, entsprechender Kleidung und einer blonden Langhaarperücke kaschieren kann. Außerdem hilft dieses Licht, die Verbindung aus Nacht und Neonschein, dass mein Frauchen einigermaßen jugendlich wirkt. Vielleicht denkt das auch der Mann, der bestimmt ein ganzes Stück jünger ist als sie. Den sie nun anschaut und dabei lächelt.

Geh, ehe es zu spät ist, denke ich, denn ich finde ihn sympathisch. Amelie auch. Sie tänzelt Stück für Stück näher.

Dann spricht sie ihn an. Fragt, ob er nicht mal Autoscooter mit ihr fahren wolle. Erst zögert er, stimmt dann zu. Sie beauftragt ein Mädchen neben uns, mich kurz zu beaufsichtigen und weg ist sie. Mit ihm. Sie steigen in eines der Elektroautos. Die Stromabnehmer sprühen kleine blaue Funken, als die Fahrt losgeht. Amelie kreischt, wenn ihr Wagen mit dem anderer Pärchen zusammenstößt, sucht Schutz an der Schulter ihres Fahrers.

Geh, denke ich nochmals, als die beiden nach vier weiteren Runden endlich aussteigen und zu mir zurückkommen. Amelie bedankt sich bei dem Mädchen, hakt den fremden Mann unter und zu dritt schlendern wir in das Festzelt. Menschen wohin man sieht, Beine, wohin ich blicke. Stickige Luft, Gesang, Gesprächsfetzen, Jugendliche auf den Tischen.

Der Mann ist nicht gegangen. Er trinkt Bier aus dem Krug mit Amelie. Einen Schluck sie, einen er. Als nichts mehr da ist, verlassen wir das Festzelt.

Amelie hat Hunger. Hunger auf bestimmte Dinge.

Wieder laufen wir über die Brücke, dieses Mal in die andere Richtung. Das Wasser unten schimmert schwarz mit bunten Farbklecksen.

Amelie liebt. Ich weiß, sie liebt bedingungslos, wenn das der Fall ist. Erstickt dann die Männer mit ihrer Liebe. Und das heutige Objekt ihrer Begierde fast ebenso mit dem Fränkischen Schweinebraten. Der Fremde kommt kaum mit dem Schlucken nach, so schnell füttert sie ihn zwischen den Küssen.

Am Morgen ist sie früh auf, zu früh. Im Gesicht die Spuren der Nacht, auf dem Boden im Schlafzimmer die blonde

Perücke, den hageren Körper bedeckt ein hellblauer Bademantel. Ich kenne diesen Anblick, andere nicht. Amelie benötigt viel Zeit, um wieder die Frau vom Abend zuvor zu werden. Zeit, die sie heute nicht hat, denn der fremde Mann steht plötzlich vor ihr. Ungläubiges Staunen. Entsetzen im Blick.

Er öffnet hastig eine Tür, sie führt zur Außentreppe. Amelie folgt.

Als ich einen lauten Schrei höre, weiß ich, dass wir nun wieder zu zweit sein werden – mein Frauchen und ich.

Und ich hoffe, dass nicht so bald wieder der Duft von Fränkischem Schweinebraten durch die Wohnung ziehen wird.

*

Fränkischer Schweinebraten mit dunkler Brotsoße

Zutaten

2 kg Schweinebraten
2 Zwiebeln, Gelbe Rüben
750 ml Gemüsebrühe
500 ml dunkles Bier
4 Endstücke von dunklem Landbrot
Salz und Pfeffer, Paprikapulver, Kümmel

Zubereitung

Braten mit Salz, Pfeffer und Paprikapulver ringsherum kräftig würzen. Wenn das Fleisch eine Schwarte hat (Schulter) sollte sie noch eingeritzt werden.
Zwiebel klein schneiden. Gelbe Rüben schälen und in größere Stücke schneiden
Backofen 200 Grad vorheizen
Braten ringsherum schön knusprig anbraten, danach Zwiebel und die Gelbe Rübenstücke dazugeben und ebenfalls mit anbraten. Der Bräunungsgrad der Zwiebel und des Bratens bestimmt letztendlich Aroma und Aussehen der Soße.
Zum Schluss Kümmel darübergeben und das Brot herumdrapieren.
Bräter in die Röhre stellen und 30 Minuten braten, danach die Temperatur auf 180 Grad drosseln.
Brühe vorbereiten, dazu Gemüsebrühe mit Fleischbrühe mischen, Soße aufgießen,
Bier und Brühe hinzugießen. Darauf achten, dass das Brot schön mit Brühe bedeckt ist
3 bis 3,5 Stunden brutzeln lassen.
Fleisch ausruhen lassen, Gemüse und Brot zur Soße pürieren.

Leonhard F. Seidl

Älladätsch

(Haßfurt)

Jakob Stetter hastete dem Mörder durch halb Haßfurt hinterher. Er war kurz davor, ihn zur Strecke zu bringen. Von der Ritterkapelle, zum Floriansplatz, am Rathaus vorbei, bis zur Mainbrücke, hatte er ihn verfolgt und dabei mächtig aufgeholt.

Aber der Mörder war geschickt und skrupellos. Er kippte alles um, was ihm in den Weg kam, um Stetter an der Verfolgung zu hindern. Eine walkende Seniorin mit Kampfhund musste am Oberen Turm genauso dran glauben, wie ein grauhaariger Dicker mit Piercing. Auch vor Kinderwägen und Rollatoren machte er nicht Halt. Stetter kümmerte das wenig. Gazellenhaft übersprang er die Hindernisse, als seien sie nicht vorhanden. Gleich würde er dem Verbrecher die Beine wegziehen, ihm Handschellen anlegen und ihn dann ins Polizeipräsidium am Heideloffplatz verfrachten.

Kindergeschrei stoppte Stetters Finger, die den Text Wort für Wort in die Tastatur seines Computers hackten. Verdammt!

Anscheinend hatte der Große wieder einmal seine kleine Schwester aufgeweckt, die bis eben noch seelenruhig geschlummert hatte.

Stetter musste den Roman nächste Woche beim Hassberg-Verlag abliefern. Aber so würde das nie etwas werden! Frustriert ging er ins Kinderzimmer.

Der dreijährige Emil saß mit dem Nudelsieb über dem Kopf neben dem Schaukelpferd, auf dem seine Schwester laut quietschend ritt. Eine Spaghetti hing aus Emils Mund, zwei weitere baumelten aus der Nase. Mit heftigen Schaukelbewegungen versuchte Stetter, die Kleine zur Ruhe zu bringen, erreichte dadurch aber nur das Gegenteil.

Stetter sah auf die Uhr. Halb vier. Eigentlich sollte seine Frau Margit schon seit über einer Stunde aus Bamberg von der Uni zurück sein. Die Bahn hatte wahrscheinlich wieder einmal Verspätung.

»Depperte Bahn! Ständig erhöht sie die Preise und dann verspätet sie sich auch noch. Und ich habe jetzt den Salat! Magdalena hat Hunger, Emil die Hosen voll und mir wird der Mörder entkommen!«

Das Gute an Margits Verspätung war, dass er nun noch Zeit hatte, ein spätes Mittagessen zuzubereiten. Margit konnte zur Furie werden, wenn die Mahlzeit nicht rechtzeitig auf dem Tisch stand. Da kam die kleine Magdalena ganz nach ihrer Mutter.

Stetter holte Nudeln und Tomatensoße aus dem Schrank: Notfallessen, das es seit Wochen jeden Freitag gab und auch vermutlich noch bis zum Abgabetermin seines Romans geben würde. Zu allem Überfluss läutete es auch noch an der Tür. Er öffnete. Eine Frau mit schwarzen Pudellocken und einem karierten Mantel sah ihn treuherzig an.

»Guten Tag. Mein Name ist Anna Chronismus. Interessieren Sie sich für Gott?«

Stetters Blick fiel auf den Wachtturm, den sie ihm unter die Nase hielt. Das brachte ihn auf eine Idee.

»Natürlich interessiere ich mich für Gott. Kommen Sie doch bitte herein.«

Die Frau blickte ihn erstaunt an.

»Soll ich meine Schuhe ausziehen?«

»Wie Sie möchten«, antwortete Stetter, führte Anna Chronismus ins Kinderzimmer und hob die brüllende Magdalena vom Schaukelpferd.

»Schön haben Sie's hier!«, sagte die Frau, worauf Stetter freundlich lächelte und ihr die krakeelende Magdalena samt Lätzchen, Gläschen und Löffel in die Hände drückte.

»Einmal füttern bitte.«

Jetzt konnte Stetter das Nudelwasser aufsetzen. Er kam aber lediglich dazu, den Wasserkocher zu füllen, schon trällerte das Telefon. Die Schwiegermutter aus Schweinfurt am anderen Ende. Da sie Margit gegenüber hatte verlauten lassen, ihr Schwiegersohn würde sie meiden, konnte er jetzt keinesfalls auflegen.

»Wie geht's dir denn so?«, erkundigte sie sich scheinheilig, obwohl sie ganz genau wusste, dass er freitags immer alleine mit den Kindern war. Sie war der festen Überzeugung, er lasse die Sprösslinge verhungern und wickle sie zu selten.

»Bassd scho. Und dir?«

Es klingelte erneut an der Tür. Er legte den Hörer zur Seite und öffnete.

»Guten Tag, mein Name ist Rainer Zufall, ich bin von der ...«, der Name der Partei, den er nannte, ging in Magdalenas Gebrüll unter, das jedoch glücklicherweise gleich wieder verstummte.

»Ich würde Ihnen gerne unsere Ziele für die folgenden Jahre vorstellen.«

Im Knopfloch seines akkurat sitzenden Anzugs steckte das Parteiabzeichen.

»Sie schickt der Himmel!«, sagte Stetter und bat auch den Mann herein.

»So weit würde ich jetzt nicht gehen, aber in unserem Parteiprogramm ...« Das Gemurmel von der *Herdprämie* ging ebenfalls in Magdalenas Geschrei unter.

Noch bevor der Mann sich die Schuhe ausziehen konnte, schob Stetter ihn in die Küche und knallte ihm ein Dätscher-Rezept vor die Nase. Auf die hatte er schon lange mal wieder Appetit. Und dazu einen leckeren Wein, den er später aus dem Keller holen würde. Der Abend war gerettet. Sofern der Typ etwas vom Kochen verstand.

Stetter schob den Schlipsträger in die Küche, baute Mehl, Hefe, Butterschmalz und Kartoffeln vor ihm auf. »Die Kartoffeln schön klein reiben«, fügte er noch hinzu. »Butter, saure Sahne, Salz und Kümmel finden Sie hier oben. Viel Erfolg.«

Stetter schlug ihm so fest auf die Schulter, dass der schmächtige Oberkörper kurz nach vorne kippte. Wahlkampf schien der Fitness nicht gerade dienlich zu sein. Ohne sich noch einmal umzudrehen, ging Stetter zurück zum Telefon, um weiter mit seiner Schwiegermutter zu plaudern. Es läutete erneut. Hatten sich denn heute alle verabredet? Da fielen ihm Emil und seine volle Windel wieder ein.

»Bin gleich zurück!«, flötete Stetter in den Hörer. So langsam begann ihm die Sache Spaß zu machen.

Diesmal stand wieder eine Frau vor der Tür. Sie stellte sich mit dem Namen Anni Mation vor. Die dunkelblaue Uniform der Deutschen Bahn und ein rotes Tuch um den Hals standen ihr ausgezeichnet.

»Ich freue mich sehr, dass Sie da sind!«, sagte er ohne Umschweife, führte sie herein und drückte ihr den Hörer in die Hand. »Immer schön freundlich!«, flüsterte er ihr ins Ohr, um in der Küche nach dem Rechten zu sehen. Der Typ hatte mittlerweile seinen Anzug ausgezogen und den Schlips gelockert. Der Schweiß stand ihm auf der Stirn. Seine Hände und das Hemd waren voller Mehlstaub, um den Kochtopf mit den vor sich in brodelnden Kartoffeln hatte sich ein kleiner See gebildet. Das kochende Wasser war übergelaufen.

»Kommen Sie doch bitte mit!«, sagte Stetter, was einen Ansatz von Hoffnung im Politikergesicht aufscheinen ließ.

Im Kinderzimmer ruckelte Magdalena gerade auf dem Schoß des hilfsbereiten Wachtturms hin und her, machte Bäuerchen und grinste ihren Papa zufrieden an.

Stetter deutete auf Emil, der mittlerweile ein mit gebrauchtem Kaffeepulver geschminktes Gesicht hatte und drückte dem Wahlkämpfer eine Windel und Feuchttücher in die Hand.

»Einmal wickeln, bitte«, Stetter sah auf die Uhr, »und das Essen sollte bald fertig sein.«

Da er das Gefühl hatte, dass nun alle gut versorgt waren, kehrte Stetter an seinen Schreibtisch zurück.

Mittlerweile hetzte der Mörder über die Mainbrücke. Stetter überlegte, wer ihn jetzt weiterverfolgen könnte, der Wachtturm, der Wahlkämpfer oder die Frau von der Bahn. Er dachte wohl eine Sekunde zu lange nach. Der Mörder zuckte die Waffe, ein Schuss ertönte und ein brennender Schmerz durchfuhr Stetters Oberkörper. Er brach zusammen und der Mörder wuchtete ihn über das Brückengeländer. Stetter fiel und versank in den kalten Fluten des Mains.

Die für jeden Krimi unabdingbare überraschende Wendung bestand darin, dass die Tat von der Frau des vermeintlichen Mörders begangen worden war, die ihn für ihre Zwecke missbraucht hatte. So läuft es eben manchmal im Leben.

Margit kam über eine Stunde zu spät. Was auch gut so war, da die Dätscher des Politikers einfach abscheulich schmeckten. Wie feuchte Waschlappen lagen sie auf dem Teller, der Geschmack der Hefe überdeckte Kartoffeln und Kümmel. Weil Stetter seinen Roman jetzt aber fertig hatte, stellte das überhaupt kein Problem dar. Er bedankte sich artig bei seinen drei Helfern, verabschiedete sich und schloss die Tür hinter ihnen. Dann parkte er Magdalena und Emil auf der Küchenzeile.

Ausreichend Zutaten waren noch vorhanden, da Margit Lebensmittel hortete, als würde demnächst eine Hungersnot ausbrechen. Und schon konnte es losgehen.

Emil und sein Papa putzten die Kartoffeln und Magdalena pustete das Wasser, damit es nicht zu heiß wurde. Weil Magdalena dachte, auch das Mehl müsse man pusten, sahen die drei Köche irgendwann aus wie Gespenster. Aber genau wie die Überschwemmung auf dem Küchenboden bekam Stetter die Gesichter der Kinder und seines wieder hin, noch bevor sich der Schlüssel seiner Frau ins Schloss schob.

Die dampfenden Dätscher standen auf dem Tisch, der Wein war gekühlt, die Kinder versorgt. Als die ganze Familie nach dem Essen miteinander auf der Couch saßen, glaubte er, Magdalena habe soeben »Jehova« gebrabbelt und Emil etwas von »babelling mit Deutsche Bahn« Von *„travelling with Deutsche Bahn"* erzählt.

Das Telefon läutete. Es war Margits Mutter, die begeistert von der neuen Freundin schwärmte, worauf Margit ihren Ehemann misstrauisch musterte. Ebenso erstaunt nahm Margits Mutter die Einladung ihres Schwiegersohnes zum Dätscheressen entgegen. Diese konnte sie leider nicht wahrnehmen, da sie am Dienstagabend immer mit ihren Freundinnen dem Seniorenturnen frönte. Was Stetter natürlich nicht gewusst hatte.

Bevor Margit ihm weitere Fragen stellen konnte, erklärte ihr Stetter, dass sein Roman beendet war und er glücklich sei, so eine gebildete und aufgeklärte Frau zu haben. Die weder Klinkenputzen für die Zeugen Jehovas ging, noch in irgendeiner Partei tätig war oder bei der Bahn arbeitete.

*

Fränkische Dätscher

Zutaten
500 g Mehl
20 g Hefe
125 g Butterschmalz
300 g gekochte und geriebene Kartoffel
50 g Butter
100 ml saure Sahne
Salz, Kümmel

Zubereitung
Das Mehl in eine Schüssel geben und in der Mitte eine Mulde bilden. Die in lauwarmem Wasser aufgelöste Hefe eingießen und mit Mehl bestreuen. Die Schüssel mit einem Tuch bedecken und den Teig an einer warmen Stelle 30 Minuten gehen lassen.
Jetzt das Butterschmalz und die geriebenen, gekochten Kartoffeln zugeben und alles gut verkneten. Mit Salz abschmecken. Den Teig zu dünnen Fladen auswalzen, mit Butter und saurer Sahne bestreichen und mit Kümmel und Salz bestreuen. Im Backofen bei 225 Grad circa 20 Minuten backen.
Heiß servieren.
Dazu mundet Bier, Wein oder Federweißer.

Nicole Neubauer

Die Weinprinzessin

(Kitzingen)

Resi stützte sich auf ihren Gehstock, eine müde alte Frau im Austrag, die den Hof übergeben hatte und in Rente geschickt worden war. Nach dem Abendessen würden die Verträge unterzeichnet werden, ihr unbrauchbarer Schwiegerenkel würde das Weingut an die Lehmann Holding verschachern. Dann war das Gut nicht mehr ihr Zuhause.

Sie setzte sich vor den Spiegel, nahm die Krone aus der Vitrine und drückte sie auf ihren schlohweißen Dutt. Ihre Fotos beobachteten sie von den Wänden: Resi als junge Weinprinzessin, Krone im Haar, im schwingenden weißen Kleid wie Grace Kelly, Resi, die schönste Weinprinzessin, die Kitzingen je gehabt hatte. Sie schloss die Augen und machte sie wieder auf. Die Swarowski-Kristalle funkelten Lichtblitze, sie überstrahlten die Falten und Flecken in dem Gesicht der alten Frau. »Du bist die Prinzessin«, sagte sie zu ihrem Spiegelbild. »Du bist die Prinzessin.«

Sie nahm den Hörer von der Gabel und wählte zwei Nummern.

Einer der Männer ging mit einer Kerze in der Hand voraus, der andere hinterher. Sie schwiegen. Lehmann konnte nicht einschätzen, ob sie kein deutsch konnten oder schlicht unhöflich waren.

Sei's drum. Lehmann war jetzt ein Geschäftspartner. Er hatte alles Recht der Welt, den Gärkeller zu besichtigen, da konnten sie ihn so unhöflich behandeln wie sie wollten.

»Da geht es aber weit runter«, sagte er.

Sein Versuch, Konversation zu machen, prallte an den steinernen Mienen seiner Begleiter ab. Sein Vordermann stieß eine Feuerschutztür auf und reichte Lehmann die Kerze.

»Wenn die Flamme ausgeht …«

»Ich weiß«, sagte Lehmann und riss ihm den Leuchter aus der Hand. »Ich bin vom Fach.«

Er trat in den Kellerraum, in dem es von allen Seiten blubberte. Eine Neonröhre an der Decke tauchte den Gärkeller in Dämmerlicht, die Tanks wölbten ihm die Bäuche entgegen. Es roch intensiv nach Gärgas. Aber das war nicht gefährlich. Gefährlich war das Kohlendioxid, das man weder sehen noch riechen konnte. Hinter dem Deckengitter rauschte die Lüftung, die den Kohlendioxidgehalt der Luft stabil hielt. Solange die Kerze in seiner Hand brannte, war er sicher.

»Sie kommen allein zurecht.« Das war keine Frage, sondern eine Feststellung. Die Tür fiel ins Schloss.

»Ich dachte …«, Lehmann drehte sich um, aber draußen trampelten schon Schritte nach oben. Schaute er sich halt selber um. Was sollten zwei Weinlesehelfer schon einem Lehmann erklären können, der international in Weingüter investierte? Er hielt die Kerze hoch und machte sich auf den Weg zwischen den blubbernden Tanks hindurch.

Das Rauschen der Lüftung wurde still.

Das Tischgespräch verstummte, als Resi das Esszimmer betrat, die Krone auf dem Kopf. Ihr Schwiegerenkel Jürgen schaute auf seinen Teller, ihre Enkelin Katja warf ihr einen schuldbewussten Blick zu. Es war ein Fehler gewesen, Katja das Gut zu überschreiben. Sie hatte nie den Mut gehabt, sich gegen ihren Mann durchzusetzen. Auf der anderen Seite saßen Lehmanns Angestellte in grauen Anzügen. Von Lehmann selber keine Spur.

Resi setzte sich und zog die Stille in die Länge, bis sie fast zerriss.

»Willkommen auf unserem Weingut, auch wenn es nicht herzlich ist«, sagte sie, und ließ ihren Blick über die Runde funkeln.

Die Anzugträger schauten verkniffen.

»Wir sind heute zu einem traurigen Anlass hier versammelt. Nach elf Generationen Winzerei auf höchstem Niveau sollen diese Weinberge nun den Besitzer wechseln.«

»Oma«, sagte Jürgen durch die Zähne.

»Ich habe dir noch nie erlaubt, mich Oma zu nennen, Jürgen.«

Lehmanns Angestellte grinsten und Katjas Gesicht wurde rot.

»Obwohl es keinen Grund zum Feiern gibt, haben wir ein kleines Abendessen vorbereitet. Wollen wir auf Lehmann warten? Nein.«

Resi setzte sich und schnippte mit den Fingern. »Ivo, Pavel.« Lautlos tauchten die zwei Buttenträger, die Lehmann zum Gärkeller geführt hatten, hinter ihr auf. »Die Rieslingschaumsuppe, bitte.«

Ivo brachte die dampfenden Suppenteller aus der Küche, Pavel schenkte Riesling aus dem Bocksbeutel in Kristallgläser.

»Kitzinger Sonnenkrone 2012.« Resi hob ihr Glas. Die anderen taten es ihr gleich. Jürgen presste den Kiefer so aufeinander, dass Resi befürchtete, seine Zähne würden zerspringen. Sie nahm einen Schluck. Die Säure perlte an ihrem Gaumen, gerade so viel, wie man aushalten konnte. Der Säureschock hinterließ den intensiven Duft von Früchten auf ihrer Zunge.

Wenn der Plan von Lehmann und Jürgen aufging, würde es diesen Wein nicht mehr geben. Die Weinberge würden an Lehmanns internationale Kellerei verkauft, die mit optimierten Anbaumethoden Massensorten produzierte, um sie in Verschnittweinen zu versenken. Auch die Namensrechte würden an Lehmann fallen. Es sah besser aus, wenn ein Wein im Discounter »*Kitzinger Sonnenkrone*« hieß, auch wenn die Trauben aus Kitzingen, Chile und China zusammengemischt worden waren.

Sie nahm den Löffel. »Guten Appetit.« Fünf Mal schlug Tafelsilber auf Porzellan. Lehmann war immer noch nicht aus dem Keller zurück.

Mit der Kerze in der Hand ging Lehmann zwischen den Tanks hindurch und lauschte dem Blubbern des jungen Weins, der nie reif werden würde. Bauern waren das, die mit vorsintflutlichen Methoden Plörre herstellten, von denen sie gerade Mal ein paar Flaschen an Liebhaber verkauften. Es würde mehr Kosten als Gewinn verursachen, diesen Wein noch abzufüllen. Lehmann würde die ganzen Kelteranlagen rausreißen lassen, damit das Gut im nächsten Herbst als Hotel neu erstrahlen konnte. Eine Genossenschaft würde die Felder auf die neuen Turbosorten umstellen, die den Einheitsgeschmack in gewünschter Menge lieferten. Was machte er also noch hier? Langsam bekam er Hunger. Außerdem wurde es Zeit, den Gärkeller zu verlassen, die Lüftung sprang nicht wieder an. Die Kerze in seiner Hand brannte zwar noch, aber Lehmann hatte nicht viel Vertrauen darin, dass noch viel Sauerstoff in der Luft war. Er suchte seinen Weg zurück zur Ausgangstür und drückte die Klinke hinunter.

Die Tür rührte sich nicht.

Er rüttelte und zerrte, bückte sich zum Schlüsselloch, spähte durch. Absolut nichts konnte er sehen, da ein Schlüssel von außen steckte.

Resi schlug zart mit der Gabel gegen den Stiel ihres Glases. Sofort verstummte das Gespräch.

»Ivo, die Waldpilze bitte. Dazu servieren wir den Müller-Thurgau.«

Ivo schenkte »*Kitzinger Kellergraf 1991*« in die Kelche, bernsteinfarben, an der Grenze zur Überlagerung. Den *Kellergraf* musste man reif genießen. Pavel servierte das Hauptgericht. Jürgen, der nur einen Löffel von der Suppe probiert hatte, hob abwehrend die Hand.

»Heben wir das Glas.« Resi hielt den Weinkelch ans Licht. »Das ist eine Trauerfeier. Heute tragen wir eine zweihundert Jahre alte Weintradition zu Grabe. Wir betrauern das Handwerk, das mit diesem Gut untergeht.«

Jürgen atmete ein und formte den Mund zum O.

»Du darfst mich immer noch nicht Oma nennen, lieber Schwiegerenkel.«

Er klappte den Mund wieder zu.

»Wir betrauern die reichen Böden, die unserem Wein die Würze geben und unsere überlieferten Traubenzüchtungen. Trinken wir auf das, was wir heute verlieren.«

Unauffällig schaute Resi auf die Uhr. Es lief nach Plan. Sie nahm einen Schluck vom Müller-Thurgau. Goldene Kellerwürze samtig, mit einer Muskatnote. Ein Wein, den man ertragen musste, ein Charakterwein.

Hinter ihr standen Ivo und Pavel und rührten sich nicht von der Stelle. Lehmann war noch immer nicht zurück.

»Hallo?«

Lehmann hämmerte gegen die Feuerschutztür. Der Lärm hallte zwischen den Tanks wider.

»Hallo? Ist da jemand?«

Er trat dagegen und schlug sich den Zeh an. Wimmernd hüpfte er auf einem Bein im Kreis, fast wäre die Kerze ausgegangen. Er verbiss sich den Schmerz, trat noch einmal zu.

»Machen Sie sofort die Tür auf! Hallo?«

Er presste sein Ohr gegen das Metall. Nichts. Nur das Blubbern der Tanks. Erbarmungslos gärte der neue Wein weiter und verströmte Kohlendioxid, unsichtbar, geruchlos. Lehmann warf einen Blick auf die Flamme. Noch brannte sie. Zwischen seinen Schulterblättern lief ein Schweißtropfen herunter, Millimeter für Millimeter, und im gleichen Tempo dämmerte es ihm, warum er hier unten eingesperrt war.

Es würde keinen Kaufvertrag geben.

Wenn der Kohlendioxidgehalt hier zu hoch werden würde, gäbe es keinen Lehmann mehr.

»Ich will hier raus!« Er polterte mit der Faust gegen die Tür, dass sie in ihren Angeln zitterte. »Lassen Sie mich sofort hier raus!«

Seine Fingernägel scharrten über das Metall.

»Hilfe!«

Nur Blubbern. Gottverdammtes Blubbern. Unendliche Müdigkeit kroch Lehmann durch die Glieder. Er rutschte an der Tür herunter. Ohne ein Flackern verlöschte die Flamme.

Die Weingläser glitzerten im Licht des Kronleuchters, die Kristalle von Resis Prinzessinnenkrone warfen Regenbogenpunkte auf die Tischdecke. Gedämpft klirrte das Besteck, niemand redete ein Wort. Jürgen saß wie erstarrt vor seinem Teller, in dem die Suppe kalt wurde. Sein Weinglas war noch voll. »Bist du fertig mit deinen Unverschämtheiten? Dann will ich auch mal was sagen.«

»Du hast dich noch nie daran hindern lassen, lieber Jürgen«, antwortete Resi.

»Die Herren sind heute meine Gäste. Nicht deine. Ich verbitte mir, dass du meine Geschäftspartner beleidigst. Du hast hier nichts mehr zu sagen.«

»Bärle …« Es war das Erste, was Katja an diesem Abend sagte, aber Jürgen ignorierte sie völlig und redete weiter.

»Seit Jahren predige ich dir, dass wir hier betriebswirtschaftlich denken müssen. Wir hätten schon vor zehn Jahren in Maschinen investieren sollen, in ertragreichere Sorten, in einen besseren Vertrieb.«

»Bärle ...«

»Wir haben jedes Jahr Gewinne erzielt.« Resi nippte an ihrem Wein. Er war süßer und milder geworden an der Luft, hatte geatmet.

»Aber wir sind nicht gewachsen! Wie sollen wir ein modernes Unternehmen ohne Wachstum führen?« Jürgen nahm sein Weinglas und schüttete den Wein in die Suppe. »Den Plempel kannst net sauf!«

Lehmanns Kollegen zogen scharf die Luft ein. Katja fing an, leise zu weinen. Resi schaute auf die Uhr. Der Minutenzeiger tickte den Bruchteil eines Millimeters nach vorne. Die Zeit war gekommen.

»Das musst du auch nicht mehr", sagte Resi. »Wo Lehmann nur bleibt? Ivo und Pavel, schaut doch mal nach, ob er sich verlaufen hat.«

Lehmann sprang auf, obwohl seine Knie zitterten. Je näher er dem Boden war, desto weniger Sauerstoff bekam er. Kohlendioxid war schwerer als Luft. Wenn er seiner Erschöpfung nachgab, würde er einschlafen, ohne es zu merken. Sie wollten ihn hier unten verrecken lassen. Vielleicht gab es irgendwo eine zweite Tür oder einen Fensterschacht? Nur nicht stehenbleiben und darauf warten, dass er verlöschte wie die Kerzenflamme. Mit unsicheren Beinen tastete er sich an den Tanks entlang.

Es war ein Fehler gewesen, sich mit diesen Bauern einzulassen. Es war ein Fehler gewesen, sich mit dieser Weinprinzessin einzulassen.

Obwohl ihr hier nichts mehr gehörte, hatte er *Krieg* in ihren Augen gesehen, als er ihr zum ersten Mal die Hand schüttelte.

Sollten diese Separatisten doch ihren Sauerampfer keltern, bis sie … Er musste sich an einem Tank abstützen. Sein Atem ging in ruckartigen Stößen.

… bis sie …

Kraftlosigkeit flutete durch seine Gliedmaßen. Nur hinlegen. Er war müde, so müde …

… bis sie daran erstickten.

Die Müdigkeit nahm ihn sanft in ihre Arme und hüllte ihn ein. Dass er auf dem Boden aufschlug, spürte Lehmann nicht mehr.

»Bärle, du hältst jetzt mal dein Maul.«

Alle Köpfe drehten sich zu Katja. Resi schaute ihre Enkelin aufmerksam an. Die funkelnden Reflexionen der Krone huschten über Katjas Gesicht und brachten es zum Glitzern.

»Wage es nicht, die Oma zu beleidigen. Das ist immer noch mein Gut! Oma hat es mir überschrieben.«

»Aber … ich führe die Geschäfte«, warf Jürgen ein.

»Nicht mehr. Ab jetzt werden Oma und ich wieder das tun, was wir am besten können: Wein machen.« Katja stand auf und reckte ihren Kopf in die Höhe. »Ich werde nicht verkaufen. Und wenn jemand das Haus verlässt, dann bist du das, Jürgen.«

Die Tür flog auf und Lehmann stürzte herein. Sein Gesicht war puterrot, die Haare flogen ihm schweißnass um den Kopf.

»Keller … Polizei, alle wahnsinnig!«

Mit zitterndem Finger deutete er auf Resi. »Sie haben das eingefädelt … mich umbringen …«

Resi schaute Ivo an, der mit den Schultern zuckte. »Tür hat wieder geklemmt. Muss ich ölen.«

»Wir reisen ab!« Lehmann zeigte auf Jürgen, der grau im Gesicht geworden war. »Hier wird gar nichts unterschrieben, Ihren Kaufvertrag können Sie sich …«

»Dann sind wir uns einig. Meine Enkelin Katja wird weder heute noch sonst irgendwann einen Vertrag unterschreiben«, sagte Resi.

Mit wildem Blick schaute Lehmann von einem zum andern, bevor er wie von Furien gehetzt aus dem Zimmer eilte. Seine Angestellten rannten hinterher.

Katja hob den Teller mit der kalten Rieslingschaumsuppe und goss sie Jürgen langsam über den Kopf.

Auf dem Weg zu ihrem Zimmer blieb Resi vor Katjas Tür stehen. Mit zitternden Greisenfingern löste sie die Krone aus dem Dutt und legte sie vor die Tür ihrer Enkelin. Ohne sich umzudrehen, ging Resi weiter. Eine müde, alte Frau im Austrag.

*

Rieslingschaumsuppe

Zutaten

½ Liter fränkischer Riesling
¼ Liter Sahne
1 Bund Wurzelgemüse
6 EL Butter
1 Stange Zimt
10 Nelken
Salz
weißer Pfeffer
Petersilie zum Garnieren
1 Weckla

Zubereitung

Das Wurzelgemüse klein schneiden und in 1 Liter gesalzenem Wasser ½ Stunde zur Brühe kochen, das Gemüse abseihen.
Den Riesling mit dem Zimt und den Nelken reduzieren lassen und den Jus durch ein Sieb passieren, zur Brühe geben.
Die Butter einlaufen lassen und mit Salz und Pfeffer abschmecken.
Die Sahne schlagen und unterheben, nach Belieben mit Petersilie garnieren.
Mit Weckla und einem Glas eiskaltem Riesling servieren.

Claudia Schmid

Nur ein kleines Schlückchen

(Bad Kissingen)

Wenn Barbara auch nur ansatzweise geahnt hätte, wo sie ihn da genau hinschicken würde, dann hätte sie die Finger davon gelassen. Da war Jörg sich ganz sicher.

Wie üblich hatte sie mal wieder völlig übertrieben, als sie ihn mit der ihr eigenen Resolutheit zum Arzt ihres Vertrauens schleppte. Nur weil sie meinte, er müsse endlich mal gegen seine Rückenschmerzen vorgehen. Lieber Himmel, das bisschen Verspannung! Und das war ja auch kein Wunder, fühlte er sich doch oft selbst als Schreibtisch-Hengst. Damals, vor einigen Jahren, im jugendlichen Überschwang, hatte er sich seinen Wunschberuf anders vorgestellt. Er wollte unbedingt zur Polizei und dort Verbrecher jagen und für Gerechtigkeit sorgen. Dass er als Kriminalhauptkommissar auch viel Zeit am Schreibtisch sitzen und penibel alle Vorgänge dokumentieren musste, das war ihm in dem Ausmaß wirklich nicht klar gewesen. Dass er kaum mehr dazu kam, mit seinem Mountainbike über die Bergstraße zu brettern, tat ein Übriges. Aber trotzdem, nur weil er hin und wieder ein wenig Probleme hatte in Schwung zu kommen, fehlte ihm noch lange nichts. Er war doch noch nun wirklich in seinen allerbesten Jahren!

Aber trotzdem fand er es hier gar nicht so übel. Der Arzt hatte ihm nämlich eine Kur verordnet. »Machen Sie mal was für Ihre Rückenmuskulatur, Herr Kenner, und eine Gewichtsreduktion wäre auch von Vorteil« Dann hatte er ihm mit einem wohlwollenden Nicken eine Überweisung in die Hand gedrückt.

Und jetzt befand er sich also in Bad Kissingen in einer kleinen Privatklinik im Marbachtal. Eher passte ja der Begriff Hotel, wenn nicht sogar Wellness-Hotel, aber eines der gehobenen Kategorie. An einem verregneten Tag war er im Herzen des Frankenlandes angekommen. Die Nebelschwaden klebten wie verschimmeltes Weißbrot über den Bergkuppen, selbst die Rosen des berühmten Bad Kissinger Rosengartens öffneten an Tagen wie diesen nicht ihre Blüten. Doch schon am nächsten Morgen drang die Sonne mit aller Kraft durch, wie weggewischt war plötzlich das Grau des Vortags.

Und seine persönliche Therapeutin erwies sich als ein rechter Glücksgriff, da konnte man als Mann schon mal ins Schwärmen geraten. Barbara wäre gar nicht begeistert, wenn sie die zu Gesicht bekäme. Er hatte Barbara deshalb auch am Telefon ziemlich angeflunkert. »So ein fränkischer Grantelhuber macht die Gymnastik mit mir. Ich sag dir, der nimmt mich ganz schön ran. Da spüre ich hinterher jeden Knochen einzeln.« Sogar einen Namen hatte er sich zurechtgelegt: »Josef Hadernhuber, aber natürlich sagen alle Sepp zu ihm. Er spricht ein wenig wie dieser bayerische Minister aus Franken, weißt schon, der eine, der mal im Fasching als Drag Queen unterwegs war.«

»Hast du denn viele Anwendungen?«

»Der Sepp lässt mir keine Ruhe. Rückengymnastik, Walking, das volle Programm.«

Damit war Barbara zufrieden gewesen. Sie gab ihm noch die Ermahnung mit: »Verspiel bloß nicht das Geld für unseren nächsten Urlaub in der Bad Kissinger Spielbank!« In dreieinhalb Wochen würde sie ihn am Mannheimer Hauptbahnhof wieder in Empfang nehmen, rundumerneuert und vielleicht sogar ein wenig schlanker. So jedenfalls war der Plan.

Sylvie, wie Jörgs persönliche Therapeutin in Wirklichkeit hieß, hatte ein durchschlagendes Programm für ihn entwickelt. Schon beim ersten Treffen, als sie seine Daten und Werte aus der Patientenakte durchging, bot sie ihm ein kleines Wundermittel an. »Willst du ein Schlückchen? Ach komm, nur ein ganz kleines.« In ihrem Behandlungsraum, in dem ein leicht zitroniger, frischer Geruch schwebte, entnahm sie einem Schränkchen eine Flasche mit gelber Flüssigkeit. »Selbst gemacht, nach einem Rezept meiner Oma, das wird nur innerhalb unserer Familie weitergegeben. Die Quitten ernte ich selber. Wirst sehen, der tut dir gut« Sylvie duzte jeden. Ihr Wissen über Heilmittel war phänomenal. Empathisch nahm sie Anteil am Lebenslauf der Patienten und stellte für jeden einen ganz speziellen Behandlungsplan auf.

Bei Jörg gehörte neben Gymnastik eine Hot-Stone-Massage zum umfassenden Programm, bevor sie seinen Rücken mit ihren Händen verwöhnte. Auf die Frage, wo sie sich denn habe ausbilden lassen, kam wie nebenbei die Antwort: »Ich fahre einmal im Jahr nach China. Die machen noch viel mit traditioneller Heilkunde. Da können wir uns im Westen wirklich noch was abschauen« Dann lachte sie ihr kehliges Lachen und bot ihm ein kleines Gläschen ihres Wundermittels an.

Ein Wundermittel war das schon, das musste Jörg ehrlich zugeben. Sylvie hatte ihm eine Halbliterflasche geschenkt mit der Anweisung, jeweils ein Viertelstündchen vor den Mahlzeiten ein kleines Glas zu trinken. Sie hatte ihm kurz den Rücken zugedreht und dann die Flasche ordentlich durchgeschüttelt. »Da setzt sich immer ein bisschen was ab, die musst du vor dem Trinken durchrütteln! Die Quitte regt den Stoffwechsel an und weist sich durch viele Mineralstoffe aus. Du wirst sehen, das wirkt wahre Wunder!«

Charmant hatte sie ihm versucht beizubringen, er solle ein wenig abnehmen. Zu den Walking-Runden wurden sie immer von ihrem großen, schweren Bernhardiner begleitet, der auf den Namen Boomer hörte. »Du siehst ja richtig schlank aus neben dem Boomer.«

Das versetzte Jörg einen kleinen Stich, obwohl er den Hund wirklich reizend fand. Aber war Sylvie nicht auch netter zu Georg, diesem abgefieselten Hähnchen, der aus Nürnberg stammte? Den massierte sie immer geschlagene dreißig Minuten lang, bei ihm entschwebte sie schon nach fünfundzwanzig aus dem Raum. Das hatte er ganz genau im Blick.

Aber dieser Quittenlikör war wirklich ein Wundermittel. Jörg hielt sich genau an Sylvies Anweisung und trank fünfzehn Minuten vor den Mahlzeiten ein kleines Glas. Schon rasch hatte er den Eindruck, dass er deutlich weniger essen würde als sonst. Seltsam, was es ausmachte, wenn man den Magen vor dem Essen mit etwas Flüssigkeit füllte. Nach drei Tagen wog Jörg bereits fünfhundert Gramm weniger, das spornte ihn regelrecht an. Wenn er in der imposanten Wandelhalle von Bad Kissingen auf und ab spazierte spürte er förmlich die Blicke der kurenden Damenwelt auf sich. Ob er sich vielleicht nicht doch mal mit der einen oder anderen treffen sollte? Die Rothaarige da vorne mit den aufspringenden Locken zum Beispiel, die ihm eben zulächelte. Barbara war weit weg und würde gar nichts davon mitbekommen. Und abends dann, bei einem der Kurkonzerte, saß er sogar zufällig in der Reihe hinter ihr. Das Konzert war im Freien. Die Bühne, auf der das Orchester saß, wurde bei schönem Wetter nach außen gedreht.

Die Musik mochte zwar vielen gefallen, Jörgs Geschmack entsprach sie nicht so ganz. Mit Wehmut dachte er an das letzte Konzert von Anti-Flag, bei dem er mit Barbara gewesen war. Hmm, Barbara, diesen Gedanken schob er schnell wieder beiseite. Außerdem war sie es doch gewesen, die ihn quasi zu dieser Kur gezwungen hatte. Ohne sie wäre er gar nicht hier. Es würde doch kein Schatten auf ihre Beziehung fallen, wenn er während seiner Kur mit einer anderen Frau ein Glas Wein trinken würde.

Kaum war das Konzert zu Ende, erhob er sich. Er zog einen Flyer des Fremdenverkehrsbüros, den er auf dem Hinweg eingesteckt hatte, aus seiner Sakkotasche. »Entschuldigen Sie bitte, ich glaube, das ist Ihnen herausgerutscht.« Er tippte dem rotblonden Engel mit dem Finger auf die Schulter.

»Tatsächlich?«

So ganz aus der Nähe erschien ihm die Frau noch anziehender.

»Darf ich Sie auf ein Glas Wein einladen?«

»Warum nicht? Ich habe heute ohnehin nichts mehr vor.«

Sie trafen sich am Ende der Stuhlreihen, Jörg stellte sich vor.

»Aus Mannheim, soso, dieser Industriestadt, nicht wahr.«

»Ach was, das ist lange vorbei. Außerdem gibt es eine Menge Sehenswürdigkeiten in der Umgebung. Und wo kommen Sie her?«

»Von hier. Ich arbeite in der Verwaltung einer kleinen Kurklinik. Menger, mein Name. Aber wenn wir schon zusammen was trinken gehen, können wir uns auch duzen. Ich heiße Ursula.«

Der Abend begann vielversprechend zu werden. Sie führte ihn zu einem Weinlokal in der verwinkelten Altstadt, vorbei an gepflegten Fachwerkhäusern.

»Was kannst du mir denn empfehlen?«

»Natürlich einen Frankenwein, einen weißen.«

»Ein Wein, das ist gut. Ich werde in der Klinik mit Likör abgefüllt.«

Ursula lachte. »Dann bist du bei uns in der Klinik? Das klingt nach Sylvies Hausrezept.«

»Sylvie? Du kennst sie und ihren Quittenlikör?«

»Klar. Ich persönlich mag aber keinen Likör, ich bevorzuge Wein.«

Die Bedienung nahm die Bestellung auf. »Darf's noch was zum Essen sein?«

Ursula entschied sich für einen Salat, Jörg orderte ein Steak. Er fühlte sich außerordentlich wohl in der Gesellschaft dieser Frau, die ihm aufregend und zugleich sympathisch vorkam. Als er aber nach dem Essen aufstehen wollte, wurde ihm schwindlig und er setzte sich rasch wieder. Dabei stieß er sein halb volles Glas Wein um.

Ursula fasste ihn am Arm. »Was hast du denn?«

»Geht schon wieder. Mir ist nur kurz schwarz vor den Augen geworden.«

»Das klingt aber nicht gut.«

»Quatsch, es ist nichts.«

Der Abend nahm einen Verlauf, den Jörg nicht geplant hatte. Er saß da wie ein ungeschickter Tölpel. Außerdem musste er auch noch ganz dringend auf die Toilette. Zu allem Überfluss hatte seine Hose was von dem Wein abbekommen.

Glückwunsch, Jörg Kenner, gratulierte er sich selbst im Stillen, das hast du jetzt richtig versaut.

Ursula griff nach seiner Hand. Statt etwas zu sagen fuhr sie mit zwei Fingern längs seines Daumens und maß seinen Puls. »Der rast ziemlich. Ich bringe dich zur Kurklinik und dann legst du dich hin. Unser Arzt soll gleich nach dir schauen.«

Nur mit Mühe gelang es Jörg, dass Ursula ihn in der Klinik alleine ließ. Er hätte schon gerne den Abend mit ihr verbracht, aber den Arzt wollte er jetzt nicht sehen. Am besten legte er sich gleich schlafen, verdorben war der Abend sowieso. Er wälzte sich lange hin und her, der Schlaf wollte einfach nicht kommen. Morgens war das Laken zerwühlt und Jörg fühlte sich matt und unwohl.

Am Frühstücksbuffet goss er sich einen Kräutertee ein, er hatte das Gefühl, Kaffee würde ihm nicht gut tun. Gegen Mittag fühlte er sich wieder fit und konnte sich besten Gewissens der Walking-Gruppe, die auf seinem Kur-Programm stand, anschließen.

»Du hast abgenommen«, sagte Sylvia. »Das wird deinem Rücken gut tun, wenn er weniger Last tragen muss«, bescheinigte sie ihm mit einem wissenden Lächeln.

Heute waren sie zu fünft unterwegs. Plötzlich klagte Hannah aus Würzburg über Schwindel und Sylvie schickte sie zurück. »Das ist das Klima. Das wird wieder«, gab sie ihr mit auf den Weg.

Beim Abendessen saß Hannah wieder im Saal, ein wenig blass zwar, aber gefasst. »Ich habe gar keinen Appetit«, klagte sie.

»Aber du bist doch auch zum Abnehmen da«, meinte Sylvie aufmunternd, klopfte ihr mit einem »passt schon« auf den Arm und machte weiter ihre Runde.

Neben Jörg saß Irene. Er hoffte, dass Ursula hier auftauchen könne. Deshalb hörte er nur mit halben Ohr hin, als Irene sagte: »Also, ich bin ja so was von zufrieden, ehrlich gesagt. Ich habe schon alles Mögliche unternommen um abzunehmen, aber hier klappt es endlich.«

Jörg sah von seinem Teller hoch. »Ich bin wegen meines Rückens hier. Ich muss meine Rückenmuskulatur stärken.«

»Ja ja, aber wenn man adipös ist, gell«, sie ließ ihren Blick über Jörgs Bauch schweifen, »dann hat man halt auch leicht Rückenschmerzen. Abnehmen ist einfach gut für alles. Und mit diesem Schlückchen Quittenlikör vor dem Essen, also, das ist einfach genial! Da hab ich gleich viel weniger Hunger. Ich bin jetzt drei Wochen hier und wiege schon vier Kilo weniger.« Sie lächelte zufrieden. »Also, da hat die Sylvie mit ihrer Naturmedizin wirklich was entdeckt, das ist ein regelrechter Geheimtyp. Deshalb läuft die Klinik hier wohl auch so bombig.«

Plötzlich wurde Jörg übel. Er sprang auf, stieß dabei seinen Stuhl um, sprintete durch den Speisesaal und erreichte gerade noch rechtzeitig die Toilette.

Mein lieber Mann, dachte er, das war wirklich knapp.

Plötzlich spürte er einen Stich in der Herzgegend. Er lehnte sich an die Wand. Nun wurde ihm auch noch schwarz vor Augen. Barbara, ich muss Barbara anrufen, ging es ihm durch den Kopf. Dann dachte er gar nichts mehr, es wurde dunkel um ihn.

Als er wieder zu sich kam, lag er auf einem Bett. Alles um ihn herum war hell und weiß. Schemenhaft nahm er seine Umgebung wahr. Er hatte nicht die geringste Ahnung, wo er sich befand. Nach und nach schälten sich aus dem Nebel um ihn herum Umrisse heraus. Da saß jemand einige Meter von ihm entfernt an einem kleinen Tisch. Nun stand diese Person auf, ging auf ihn zu, setzte sich an den Bettrand. Es war Ursula. »Ich habe im Speisesaal nach dir gesucht. Dabei fiel mir auf, dass eine Frau sich unruhig immer wieder zur Tür umdrehte. Als ich sie ansprach, antwortete sie, ihr Tischnachbar sei schon seit einiger Zeit auf der Toilette und sie könne sich gar nicht erklären, weshalb er nicht wieder käme.« Ursula sah ihn ernst an. »Und dort habe ich dich dann gefunden und sofort in diese Fachklinik bringen lassen, weil sie hier über die entsprechende Apparate-Diagnostik verfügen, die wir in der Kurklinik nicht haben.«

Jörg seufzte. »Bin ich umgekippt oder was?«

»Du hast akute Herzrhythmusstörungen. Die versuchen gerade herauszufinden, woran das liegen könnte.«

»Ich habe was am Herz? Das kann nicht sein! Da hatte ich noch nie was.«

Die Tür öffnete sich, ein Mann in einem weißen Kittel stellte sich als Dr. Lautin vor. »Das war knapp, Herr Kenner, ihr Herz hat schon ganz schön gestolpert. Wenn Frau Menger Sie nicht gefunden und sofort eine Herzmassage bei Ihnen durchgeführt hätte, lägen Sie jetzt auf einem der Tische unten in unserem Keller. Der Sensenmann hätte Sie ums Haar mitgenommen. Wir haben eine Substanz in Ihrem Blut gefunden, Sibutramin. Das ist ein Appetitzügler, der in Deutschland wegen seiner schweren Nebenwirkungen verboten ist. Wie sind Sie denn an den gekommen? Und warum um Himmels Willen nehmen Sie so etwas?«

»Appetitzügler, ich? Wirklich nicht!«

»Es hat keinen Sinn, uns hier was vorzumachen, Herr Kenner«, sagte der Arzt streng. »Sie haben sogar eine extrem hohe Dosis davon geschluckt.«

»Geschluckt? Ich habe keine Ahnung wovon Sie reden! Wirklich, ich nehme so was nicht.«

»Dann gehen wir jetzt mal Ihren Tagesablauf in der Klinik durch. Bei welcher Gelegenheit könnten Sie denn den Wirkstoff aufgenommen haben?«

Jörg dämmerte etwas. Obwohl er es zunächst nicht glauben wollte. Doch schließlich war er sicher, dass dies als einzige Möglichkeit in Frage kam. »In meinem Zimmer in der Kurklinik steht eine angebrochene Flasche Quittenlikör. Analysieren Sie deren Inhalt.«

Sylvie zeigte bei ihrer Vernehmung, zunächst als Zeugin und dann im weiteren Verlauf als Beschuldigte, keine Anzeichen von Reue. »Da fressen und saufen die Leute wild drauflos und ich soll dann mit ein bisschen Bewegung, die sie nach der Entlassung aus der Klinik sofort wieder einstellen, wahre Wunder bewirken. Was glauben Sie denn, wie mir der Klinikchef neuerdings im Nacken sitzt. Nur Erfolge zählen! Die Kennziffern seiner Buchhaltung könnten noch besser sein, meint er! Fünf Kilo soll jeder unserer Gäste abnehmen. Ja meinen Sie denn, das klappt bei diesen Wohlstandsbäuchen?«

Wie sich herausstellte, war Sylvie von ihren regelmäßigen Chinareisen nicht nur mit Pflanzenwissen zurückgekehrt, sondern beim letzten Mal auch mit einem Koffer voller chemischer Substanzen.

Und so kam es, dass Barbara ihren Jörg nicht am Mannheimer Hauptbahnhof vom Zug abholte, sondern selbst mit dem Auto nach Bad Kissingen fuhr. »Hast du abgenommen?«, fragte sie ihn, als ihre Arme um seine Hüfte lagen.

»Geh mir bloß fort mit Abnehmen! Davon will ich nichts mehr hören.«

*

Quittenlikör

Zutaten

5 kg Quitten
1 kg braunen Zucker vermischt mit 400 g weißen Zucker
10 Päckchen Vanillezucker
eineinhalb Liter Rum (den hochprozentigen)
zur Abrundung ein paar Tropfen Buttervanille-Aroma

Zubereitung

Quitten schälen und entkernen, das Fruchtfleisch entsaften. Den erhaltenen Saft mit dem Zucker in einem großen Topf einmal aufkochen lassen und dabei das Umrühren nicht vergessen! Anschließend abkühlen lassen und den Rum sowie die Aromatropfen beimischen. In Flaschen abfüllen und ruhen lassen, idealer Weise einen Monat lang. Sylvies Extrabeigabe bitte unbedingt weglassen! Die Frucht des Quittenbaums gilt als Heilmittel: Sehr zum Wohle!

Sabrina Moriggl

Schwein gehabt!

(Schweinfurt)

Er zog den roten Vorhang seines Zimmers im Central Hotel zur Seite. Ein Polizeiwagen fuhr mit stummem Blaulicht durch die Schweinfurter Innenstadt. Sein Handy in der Hosentasche vibrierte. Leise fluchend ging er ran.

»Es lief nicht so, wie geplant. Ich weiß, ich weiß. Nein, hören Sie zu – ich kümmere mich darum.« Eine Weile hörte er dem Anrufer zu und linste zum wiederholten Male aus dem Fenster zur Straße. Ein weiterer Polizeiwagen bog in die nächste Gasse ab.

»Sie bekommen die Münzen. Keine Sorge.« Er beendete das Gespräch und verharrte in Regungslosigkeit. Langsam fischte er die zerknüllte Eintrittskarte der Kunsthalle aus der Hosentasche und strich sie glatt. Er las: *Montag Ruhetag*.

»Fuck!«, schrie er und kickte den Papierkorb, vor dem er gerade stand, gegen die Wand. Stöhnend sank er auf das Bett und verbarg den Kopf in seinen Händen. *Was für ein Fiasko! Warum war noch jemand im Laden gewesen?* In wochenlanger Kleinarbeit hatte er den Goldverkaufsladen ausgekundschaftet. Unter Angabe falscher Daten bestellte er schließlich mehrere Münzen und wartete, bis die Ware eintraf. Unzen in den verschiedensten Prägungen, darunter die seltene sowie hochwertige Goldmünze der stark limitierten Lunar II Serie. Der Verkäufer legte den Übergabetermin auf einen Sonntag – zur Sicherheit. *Alles lief nach Plan. Bis diese Frau aus dem Hinterzimmer auftauchte und einen auf Heldin machte.* Als er schoss, hörte er bereits die Sirenen. Er war zu Fuß geflohen. Ging rasch, aber langsam genug, um keine Aufmerksamkeit zu erregen. Er musste schleunigst den Koffer loswerden, irgendwo verstecken. Die Kunsthalle kam ihm gerade recht. Die Gunter-Sachs-Ausstellung interessierte ihn kein bisschen. Trotzdem lächelte er und murmelte »Danke«, als ihm der Mann am Schalter viel Vergnügen wünschte. Die verwinkelten Räume des Museums wirkten kalt und steril, weiße Decken, schwarze Fußleisten, eine einzelne curryfarben gestrichene Wand. Und dort zwischen Warhols Drucken von Brigitte Bardot und einem Roy Lichtenstein gruppierten sich zwölf angeordnete Hocker mit Fellüberzug. Nachempfunden einer Herde von Schafen.

Als einer der letzten Besucher an diesem Sonntag stand er alleine in der Halle. Vorsichtig stellte er den Koffer in die Mitte der schützenden Schemel, verließ das Gebäude und kehrte in sein Hotelzimmer zurück. Er schloss die Augen, griff unter den Pullover, zog seine Pistole hervor und legte sie in die Nachttischschublade. Jetzt konnte er nur noch hoffen, dass seine Beute bis Dienstag unentdeckt bleiben würde.

Anna Kuchls Wecker schellte. Gähnend streckte sie sich und ließ den Arm auf die andere Seite des Bettes fallen. Etwas Kaltes, Nasses drückte sich an ihre Schulter. Anna drehte sich um und blickte in die blauen Knopfaugen von Elwood. »Nein«, seufzte sie, »raus mit dir.« Stöhnend schob sie das Tier aus dem Ehebett. Elwood lebte seit zwei Jahren bei ihnen im Haus. Die Freunde ihres Mannes Peter zogen Elwood damals in einem Kinderwagen zur Hochzeitsgesellschaft. Das sollte ein witziges Geschenk sein. Eine verschmuste, intelligente, eigensinnige, aber auch völlig nach Rosinen verrückte Sau. Ein braunes Minischwein mit einem satinblauen Band und einem Glöckchen um den Hals. Peter und sie tauften das Schweinchen, obwohl weiblichen Geschlechts, nach einem der Blues Brothers.

»Elwood wird nicht sehr groß werden. Stellt euch einen fetten Rottweiler mit kurzen Beinen vor«, versprach man damals. Mittlerweile wog das Tier stattliche 85 Kilo und pflügte am liebsten den Garten um. Dieses Wühlen lag in ihrer Natur.

»Uff, das wäre geschafft«, murmelte Anna, als sie Elwood aus dem Bett geschoben hatte. Grunzend suchte das Tier den Teppich nach Futter ab. Anna lächelte, ihr fiel der Traum von letzter Nacht ein. Sie träumte von einem kulinarischen Genuss, einer Schlachtplatte. Eine originale, die man nicht von Tellern, sondern von blankgescheuerten Holzbrettern direkt auf dem Tisch isst. Mit heißem Sauerkraut. Dazu kleine aufgetürmte Häufchen aus Salz und Pfeffer. Einen scharfen Kren gab es auch im Traum. Und gigantische Körbe voll mit in mundgerechte Stücke geschnittenen Bauernbrots. Das zarte, helle Kesselfleisch und das aromatische Sauerkraut wurden aus dem Topf heraus serviert. Anna seufzte. Wäre sie doch bloß keine Vegetarierin geworden. Zwei Jahre schon verzichtete sie auf Fleisch, seit Elwood bei ihnen wohnte.

»Elwood, komm«, schnippte Anna und schwang ihre Beine aus dem Bett. »Schauen wir, ob Peter noch da ist.«

Elwood spitzte bei Peters Namen die Ohren, preschte quiekend die Treppe ins Erdgeschoss hinunter und kam zitternd vor der Küchenschwelle ins Stehen.

»So ist's fein«, lobte Peter die anstürmende Sau. Anna Kuchl zwängte sich an dem Schwein vorbei in die Küche, drückte ihrem Mann einen Kuss auf die Wange und schenkte sich Kaffee ein.

»Nimm!« Anna hielt einen Maiskolben in die Höhe. Elwood scharrte aufgeregt mit den Hufen und verzog sich mit dem Futter zu dem mit Stroh ausgelegten Liegeplatz.

»Sie kommt mir in letzter Zeit so überdreht vor. Findest du nicht auch?«, fragte Anna und schmierte Butter auf das Brot. Peter nickte, ohne von der Zeitung aufzusehen. »Mhm.«

Anna zog eine Augenbraue hoch. »Hörst du mir überhaupt zu?«

»Ja, aber hör mal«, sagte Peter und blickte auf. »Da gab's einen Mord.« Er räusperte sich. »Ein Unbekannter überfiel den *Goldverkauf* in der Seestraße – du weißt schon, in dem der Glatzkopf mit dem dunklen Anzug arbeitet.«

Anna bejahte. Dieser war ein Mann mittleren Alters, gepflegt und akkurat gekleidet. Er kaufte einmal im Monat am Blumenstand der Kuchls einen Strauß Margeriten für seine Mutter.

»Oh, mein Gott, ist er etwa ... ?«

Peter nickte mehrmals. »Ja, ja. Erschossen.«

»Nein«, entfuhr es Anna. Der Tod des Mannes rührte sie auf eine gewisse Art. »Was ist passiert?«

Peter schaute Anna an. »Der Täter bestellte ein paar Tage vorher, unter falschem Namen, eine Münzlieferung im Wert von 30.000 Euro. Bei der Übergabe verpasste er dem Glatzkopf eine gezielte Kugel und nahm die Münzen an sich.«

»Wie schrecklich«, murmelte Anna.

»Pass auf, es geht noch weiter. Eine Frau befand sich zum Zeitpunkt des Mordes im Hinterzimmer. Als sie den Schuss hörte, rief sie die Polizei und versuchte den Täter zu überwältigen. Ziemlich dämlich, wenn du mich fragst. Man vermutet, dass der Killer mit der Frau rang, denn als die Beamten am Tatort eintrafen, fanden sie diese bewusstlos und angeschossen am Boden liegend vor. Ihr Zustand sei aber stabil.«

»Und der Täter?«, fragte Anna.

»Vom Mörder fehlt bis jetzt jede Spur. Und das in Schweinfurt! Ich sag ja, die Welt wird immer schlechter.« Peter schüttelte den Kopf und stand auf. »Wir sehen uns später.«

Seit dem Aufstehen quälten ihn Kopfschmerzen. Hinterhältige Migräneanfälle, die er nur mit starken Medikamenten aus der Apotheke bekämpfen konnte. Er plante, sie gleich dann zu kaufen, wenn der Koffer wieder in seinem Besitz sein würde. Anschließend wollte er mit dem Zug nach Bamberg und von dort mit einem Leihwagen rüber nach Tschechien fahren, um das Geschäft abzuwickeln. So lautete der Plan. Er war bisher immer vorsichtig gewesen. Und der Erfolg gab ihm recht. Ihm, dem Mann mit den tausend Namen und ohne Gesicht. Niemand kannte seine Identität und nirgends blieb er länger als nötig. Er tourte durch Deutschland, raubte, tötete, betrug und erpresste. Und schaffte sich ein kleines lukratives Vermögen, indem er seine Beute im Ausland verscherbelte. Dass bei all seinen kriminellen Geschäften die Polizei nach ihm fahndete, ließ ihn kalt. Seine Spuren verliefen stets im Nirgendwo.

Um halb neun Uhr verließ Anna Kuchl ihr Haus am Oberen Marienbach und schlenderte auf der Gutermann Promenade entlang des Mains. Sie blinzelte in die milde Frühjahrssonne. *Was für ein schönes Fleckchen Erde, unser Schweinfurt,* dachte sie und grüßte einen Spaziergänger, der sie anstarrte. Eine ältere Dame schimpfte ihr etwas hinterher, aber Anna ließ sich von niemandem die gute Laune verderben. Weder von ignoranten Menschen noch von einem bestialischen Mord. Ein kleines Mädchen, das an der Hand ihrer Mutter ging, blieb stehen, streckte den Finger aus und rief laut: »Mami, die Frau da führt ein Schwein Gassi.«

Anna Kuchl blickte zu Elwood hinab und lächelte. Irrwitzigerweise gab es nur eines, was andere Passanten mehr irritierte als mit einer Sau spazieren zu gehen – nämlich sie ohne Leine auszuführen. Und so trottete Elwood gesittet in einem Hundegeschirr neben ihrer Rudelführerin her. Von Zeit zu Zeit hörte Anna das helle Klingeln des Glöckchens. Peter und sie legten das Halsband dem Schwein an, als es vergangenes Jahr zum wiederholten Male ausgebüxt war. Sie verloren Elwood damals im Motherwellpark. Die Kuchls liefen rufend, klatschend und lockend dort umher. Schließlich hielt ein Junge das Ehepaar auf und erzählte, dass Elwood beim Skateplatz am unteren Wall sei. Und tatsächlich. Die Sau saß seelenruhig neben der Halfpipe, streckte ihren Rüssel in die Luft und quiekte vergnügt, wenn die Backflips der Kinder klappten. Seit diesem Tag trug Elwood das Halsband samt Glöckchen.

»Da bist du ja endlich, Anna«, tadelte Peter, der den Stand auf dem Marktplatz aufbaute. Er hob einen Korb mit rosafarbenen Tulpen aus dem Kleintransporter und hievte ihn neben die Rosenkübel auf den Boden. »Ich gehe schnell rüber zum Brauhaus. Die haben angerufen und Gerberas geordert.«

Anna nickte, sperrte Elwood in ein Gehege und band sich die grüne Halbschürze um.

Ihr Blick glitt zum Rathaus hinüber. Viele nannten es das wichtigste profane Renaissance-Bauwerk in Süddeutschland. Für Anna war es jedenfalls das schönste und für die Besucher der Stadt auch. Beinahe jeder Tourist blieb andächtig vor dem Gebäude stehen. Alle bewunderten das harmonische Zusammenspiel der hellen Wandfarbe mit den warmen Steinelementen, den Spitzgauben und den Giebelfiguren. Da oben im Turm hatte Anna geheiratet. Im historischen Trausaal mit dem taubenblauen Teppich wurde sie Peters Frau. Arm in Arm waren sie damals die große Freitreppe in den Innenhof hinabgestiegen. Vorbei an der Efeu bewachsenen Hausmauer und den vielen applaudierenden Gästen. Die Feier fand traditionell im Brauhaus am Markt statt, mit Kaasplootz und der Schweinfurter Schlachtschüssel. Über zwei Stunden saßen sie beim Essen, denn als Schweinfurter folgten sie natürlich der richtigen Reihenfolge: Bauchfleisch – Stich – Bug – Kamm

– Kopffleisch mit Zunge, Ohr und Rüssel – Herz und andere Innereien und zum Schluss gab es die Nieren. Eben vom fetten zum mageren Fleisch, wie sie es als Kinder gelernt hatten. Anna musterte die friedlich schlafende Sau in ihrem Areal. Seit dem Zusammenleben mit ihr konnte Anna kein Schweinefleisch mehr essen. Peter fand das lächerlich.

»Früher galt man als reich, wenn man sich ein Schwein hielt. Dadurch wusste man das Fleisch erst richtig wertzuschätzen«, meinte er immer bei der Essensbestellung im Restaurant. Anna schmollte dann ein bisschen, dachte an Elwoods Augen und aß einen Salat. Der schmeckte ihr allerdings nie annähernd so gut wie eine Schlachtschüssel. Sie erinnerte sich noch an die Schlachtlieder, die sie mit den Gästen bei der Hochzeit zusammen gesungen hatten.

»*O wie kling das heut so fein, fein, fein.*

Hier in uns'rem lieben Schwein-, Schwein-, Schweinfurt am Main, Main, Main, und beim Wein, Wein, Wein«, flötete Anna, als Peter mit bleicher Miene auf den Marktstand zugeeilt kam. »Stell dir vor«, rief er, »das haben's im Wirtshaus erzählt. Die Frau vom Goldverkauf, sie ist auch tot.«

»Sie hat ihre schweren Verletzungen wohl nicht überlebt«, antwortete Anna. In ihrem Kopf klang noch die Melodie des Liedes nach.

»Nein! Sie wurde umgebracht. Lag tot im Bett«, entgegnete Peter.

Ihm blieb keine Wahl. Er musste es tun. Nachdem er das Krankenhaus verlassen hatte, schlug er den Weg zur Kunsthalle ein. Im Inneren der Ausstellung steuerte er gleich den Raum mit den Warhols an. Er schlich um die Gruppierung der Hocker und wartete, bis die Aufsichtsperson in die nächsten Räume wechselte. Gerade als er die Hand ausstrecken wollte, hörte er eine Stimme, in der ein leichter Akzent mitschwang. »Und hier sehen Sie das Herz der Sammlung.«

Eine Gruppe bunt zusammengewürfelter Besucher folgte einer zierlichen Frau in die Halle. Die Führerin trug die Haare zu einem strengen Dutt. Mit ausufernder Gestik erzählte sie vom schillernden Jetsetleben des Gunter Sachs.

Er wartete, bis die Gruppe einen Halbkreis um den Glastisch, dessen Stand aus einer knienden barbusigen Frau bestand, bildete. Dann schnappte er sich den Koffer und verschwand damit schnell auf der Toilette. Er schloss hinter sich ab und öffnete den Deckel. Nur kurz überflog er den Inhalt und widmete sich einer besonderen sieben Zentimeter großen Münze. Die Lunar II Goldmünze von Perth Mint Australia. Seit 2008 gab diese Prägestätte jährlich Gold und Silbermünzen mit chinesischen Sternzeichen heraus. Er hob die verkapselte Münze gegen das Licht und begutachtete die Vorderseite mit dem Zeichen der Schlange. Das schimmernde Abbild zeigte die typische Schlängelbewegung des Tieres, fein in Gold graviert. Der Warenwert allein für dieses Stück betrug beinahe 10.000 Euro. Er legte die Münze zurück in den Koffer und verließ die Kunsthalle.

Anschließend ging er zum nächsten Bäcker, kaufte eine Rosinensemmel, biss ab und steckte den Rest in die Jackentasche. Jetzt musste er nur noch seine Kopfschmerzen loswerden.

Elwood war vor zehn Minuten aus ihrem dösigen Mittagsschlaf erwacht und scharrte seitdem unruhig im kleinen Gehege hinter dem Blumenstand. Anna Kuchl saß auf einem Schemel daneben. *Wie kann ein Mensch einen Raubmord begehen? War derjenige dann auch noch zurückgekommen und hatte die einzige Überlebende im Krankenhaus ebenfalls getötet?* Elwood quiekte und riss Anna aus ihren Gedanken. Peter sah hilfesuchend zu seiner Frau, die ratlos mit den Schultern zuckte. Immer schriller quiekte Elwood und rammte mit dem Kopf gegen das Gitter. »Anna, mach etwas«, flehte Peter peinlich berührt.

»Ich gehe mit ihr eine Runde«, antwortete Anna und öffnete die Gittertür, um Elwood das Leinengeschirr anzulegen. Das Schwein nutzte den Moment und preschte an Anna vorüber ins Freie. Peter versuchte es noch am Halsband zu halten, aber Elwood schlug gekonnt einen Haken. Zwängte sich am Marktstand zwischen den Körben voller Lilien, Anemonen und Nelken vorbei, stieß die Freesien um und tauchte im Menschengewirr unter. Lief kreuz und quer um den Brunnen, suchte mit dem Rüssel das Pflaster ab. »Komm her!«, schrie Peter. Elwood blieb stehen und schaute zu Anna, die schnaufend mit honigzarter Stimme lockte: »Sei ein braves Schwein, zu mir. Hierher!«

Elwood grunzte, wackelte mit den Ohren und rannte weiter. Tippelte an der Stadtapotheke vorbei. Deutlich nahm das Schwein das unwiderstehliche Aroma von Rosinen wahr. Die Quelle des Geruchs befand sich in unmittelbarer Nähe. Elwood steuerte auf den Ursprung des Duftes zu – und rammte die Kniekehlen des Fremden.

Er wusste nicht, wie ihm geschah. Plötzlich lag er auf dem Pflaster. Seine Pistole schlitterte durch den Aufprall nach vorne. Kreischend stoben die Menschen auseinander. Er versuchte die Waffe zu erreichen, aber es gelang ihm nicht. Etwas Schweres drückte auf seinen Rücken und hielt ihn am Boden fest. Der Münzkoffer lag aufgesprungen neben ihm. Mit aller Kraft drehte er sich um und starrte in ein grunzendes Schweinegesicht, das genüsslich die Reste der Rosinensemmel auffraß.

Ein Mann mit grüner Schürze rief nach der Polizei.

»Gut gemacht Elwood«, sagte Anna und gab Peter zitternd die Pistole.

*

Original Schweinfurter Schlachtschüssel

Zutaten

Fleischteile (Innereien, Bäckchen, etc.)
Karotten, Sellerie, Lauch, Petersilie, Gelbe Rüben, eine Zwiebel, eine geschälte Knoblauchzehe, Wachholder, Lorbeer, Kümmel, Majoran, Pfefferkörner
Kren (Meerrettich)
Salz & Pfeffer
Bauernbrot
Sauerkraut

Vorbereitung

Das Brot in mundgerechte Stücke schneiden und auf einem großen Holzbrett anordnen. Kleine Häufchen Kren, Salz und Pfeffer platzieren.

Zubereitung

Die Zwiebel halbieren (Schale kann dranbleiben) und umgedreht in einer Pfanne dunkelbraun rösten.
Zwei bis drei Liter Wasser mit dem Gemüse, der Zwiebel, den Kräutern und Gewürzen zu einem Sud erhitzen. Die Fleischteile hinzugeben und 1 bis 1 ½ Stunden kochen lassen.

Anrichten

Mit dem heißen Sauerkraut auf dem Holzbrett verteilen. Aufgetischt und verspeist wird nach der Regel »vom fetten zum mageren Fleisch«, Backe – Stich – Kamm – Bug – Ohren – Rüssel – Zunge – Herz – Nieren

Alex Conrad

Geräuchertes

(Mespelbrunn)

»Herrliche Exemplare!«, lobte Hajo die Fischlieferung der Spessartforellen.

Im Räucherofen knisterte das Feuer, als der Fischzüchter ihm den Lieferschein gab. »Ja, Sie machen dem Köhlereiweg mal wieder alle Ehre. Noch die Unterschrift, Herr Rapp, und ich kann weiter.«

Nachdem Hajo unterschrieben hatte, schleppte er die Plastikwannen mit den Fischen zum großen Spülbecken unter das Dach vor dem Ofen. Sorgfältig wusch er die Salzlake ab, in die der Fischzüchter die Forellen zwölf Stunden eingelegt hatte. Anschließend zog er die Ware durch eine Lake mit Gewürzen und fädelte sie auf Stangen.

Das Holz war leicht heruntergebrannt, Hajo hing die Fische über die Glut und schloss die schwere Eisentür mit dem Riegel. Nun musste er nur das Feuer im Auge behalten, denn die Forellen sollten lediglich garen, nicht braten, bevor es an das eigentliche Räuchern ging. Hajo spülte die Wannen aus, als ein Auto so schnell auf den Hof fuhr, dass der Kies spritzte.

Eine Frau mittleren Alters mit genügend Schmuck behangen, um ein Juweliergeschäft auszustatten, stöckelte auf ihn zu. »Ihnen ist schon klar, dass das ein Luftkurort ist?«

»Sie werden es nicht glauben, aber ich bin hier in Mespelbrunn geboren.«

»Sie verpesten die Luft mit Ihrem Geräuchere.«

Hajo wandte sich dem Ofen zu und schürte mit dem Haken das Feuer etwas auf.

»Hören Sie mir überhaupt zu?«

»Warum sollte ich?« Hajo lehnte den Eisenhaken an die Wand und trat auf sie zu. »Sie kommen unerlaubt auf mein Grundstück gebraust, stellen sich nicht vor und blaffen mich an.«

»Evelyn Imstetten, und ich bin die neue Pächterin der Chill-out-Lounge am Sportplatz.«

Hajo grinste schief. »Also sind wir fast Nachbarn. Aber von einer Lounge war mir bisher nichts bekannt. Da ist nur das Vereinsheim.«

»Hier«, sie streckte ihm eine Visitenkarte hin. »Vereinsheim war gestern, jetzt wird dort *loungig gechillt.*«

»Verdammt!« Das Feuer im Ofen war zu hoch. Hajo riss die untere Klappe auf und schüttete etwas Wasser darüber. Die Rauchschwaden zogen vom Vordach bis auf den Hof.

Hinter ihm hustete Evelyn Imstetten und ihre Ohrringe klimperten dabei. »Ich rede mit Ihnen!«

»Sie sehen doch, dass ich zu tun habe.« Mit einer Schaufel warf Hajo die feuchten Erlenspäne auf die Glut und sofort dampfte es aus allen Türritzen des Ofens. »So ...«, er ging auf Evelyn zu, »jetzt habe ich Zeit.«

Sie starrte an ihm vorbei nach oben. »Das ist ... also das ist Umweltverschmutzung.« Sie hustete erneut. »Und vergrault mir meine Gäste.«

»Bisher gab es mit dem Vereinsheim noch nie ein Problem«, erwiderte Hajo.

»Meine Kunden sind eben nicht nur tumbe Fußballer, denen der Qualm egal sein mag, und die lasse ich mir von einem Fischbauern nicht vergraulen. Wenn Sie damit nicht von alleine aufhören, dann werde ich dafür sorgen.«

Mit geballten Fäusten trat Hajo einen Schritt näher. »Hören Sie mal zu. Gehen Sie dahin zurück, wo Sie hergekommen sind. Wir waren in Mespelbrunn schon immer unter uns und hier wird seit Generationen geräuchert. Das kann auch eine Zugereiste nicht ändern.«

Nach einem theatralischen Husten wandte sich Evelyn ab und ging zu ihrem Auto. »Das werden wir ja sehen«, rief sie und fuhr davon.

Das Wasserschloss glänzte im Licht der untergehenden Sonne, als Hajo seine Liefertour mit den Spessartforellen beendet hatte und auf die Hauptstraße einbog. Vor der Weinschänke parkte er und ging hinein. »Hallo Edgar«, rief er seinem Freund hinter dem Tresen zu.

»Dich riecht man ja schon, bevor man dich hört«, scherzte der Wirt. »Ein Viertel Weißen, wie immer?«

Hajo setzte sich an den Holztresen und nickte. »Ich selbst rieche das gar nicht mehr.« Er schaute auf die Ortszeitung, die vor ihm auf der Theke lag. »Wieder mal die Wildschweine?«, fragte Hajo und tippte mit dem Finger auf das Foto eines verwüsteten Gartens. »Vielleicht sollte ich mal wieder auf die Jagd gehen und Wildschweine räuchern.«

Edgar goss ihm aus der kleinen Karaffe den Wein ins Glas. »Gute Idee, denn die wühlen wirklich alles von unten nach oben.« Er schob die Zeitung zur Seite. »Sag mal, war diese Neue schon bei dir?«

Hajo trank einen Schluck. »Du meinst die Furie mit ihren Schnick-Schnack-Ideen?«

»Yepp.« Edgar stützte sich auf den Tresen. »Also hast du sie bereits kennengelernt.«

»Das wäre zuviel gesagt. Aber sag mal ...«, er beugte sich vor, »weißt du, wo die her ist?«

Verschwörerisch lehnte sich Edgar noch weiter zu ihm rüber. »Aus München und stinkreich.«

»Und?«, fragte Hajo

»Naja, die hat wohl Verbindungen zu einflussreichen Personen. Also, ich meine, du solltest es dir mit ihr nicht verscherzen.«

»So, meinst du? Weißt du was ...«, Hajo knallte sein Glas auf den Tresen. »Ich lebe hier schon immer und räuchere Fische. Du glaubst doch nicht, dass ich vor einer kusche, nur weil sie aus München kommt, vielleicht einen der Oberen vögelt und aussieht wie ein Schmuckrepräsentant.« Er stand auf.

»Ich mein ja nur«, sagte Edgar.

Hajo warf drei Euro auf den Holztresen und ging zur Tür. »Mein, was du willst.«

Wütend trommelte er mit den Fingern auf das Lenkrad, als er den Köhlereiweg entlang fuhr. Was bildete sich die Ziege eigentlich ein? Der Weg hieß ja nun auch nicht ohne Grund so und seine Räucherei gab es länger als den unterhalb gelegenen Sportplatz. Chill out! Neumodischer Großstadtkram. Am Fußballplatz hielt er kurz an. Dort standen tatsächlich viele Autos und von der Terrasse hörte er Gläserklirren. Gleich morgen würde er beim Bürgermeister vorsprechen.

Mit der Kaffeetasse in der Hand schaute Hajo aus dem Fenster. Es versprach, ein schöner Tag zu werden. Lediglich kleine Schleierwolken unterbrachen das Blau des Himmels über dem Schlosssee. Nachdem er telefonisch seine Fischbestellung aufgegeben hatte, fuhr er hinunter zum Bürgermeisteramt.

Hajo öffnete die schwere Holztür und trat an den Informationsschalter, als er ein Gekichere auf der Treppe vernahm. Er drehte sich um. Das durfte doch nicht wahr sein. Diese Imstetten kam lachend mit einem Angestellten aus dem ersten Stock.

»Ah, Herr Rapp«, sprach ihn der Mann an. »Zu Ihnen wollte ich eh.« Er zog einen Briefumschlag aus seiner Aktentasche und hielt ihn Hajo hin. »Da steht alles drin. Einen schönen Tag noch.« Er ließ Hajo stehen und ging mit Evelyn hinaus.

Hajo riss den Umschlag auf. Seine Finger wurden feucht. Vor seinen Augen verschwamm der Text. Er nahm Luftkurort, Änderungsauflagen, drohende Schließung der Räucherei nur noch im Nebel wahr und rannte nach draußen.

Wieder zu Hause lenkte sich Hajo mit der Vorbereitung für die Fischlieferung ab. Für eine neue Räucheranlage hatte er kein Geld. Und wovon sollte er dann leben? Außerdem waren die umliegenden Restaurants auf seine Forellen angewiesen. Vielleicht könnte er sich mit denen verbünden? Er schnappte sein Telefon und rief das erste Lokal an. Nach wenigen Minuten klappte er das Handy zu. »Verdammte Scheiße!«, schrie Hajo und trat gegen den Holzstapel. Diese Imstetten war ihm auch hier zuvor gekommen und hatte eine andere Räucherei empfohlen, die einige Kilometer entfernt lag.

Das Lieferauto fuhr vor und brachte die Fischlieferung. Wortlos nahm Hajo sie entgegen und bereitete mutlos alles zum Räuchern vor. Was sollte er nur tun? Während er grübelte, raste Evelyn Imstetten auf seinen Hof, knallte die Autotür zu und stapfte auf ihn zu.

»Können Sie noch nicht mal einen Brief lesen?«, brüllte sie ihn an.

Diese Zicke war schuld und würde sie verschwinden ...

»Also, was ist jetzt?« Sie kam näher.

Hajo schluckte. »Kommen Sie, ich zeige Ihnen, wo ich den Abzug künftig verbessern und Filter einbauen werde.« Er fasste sie am Arm. »Wir wollen doch gute Nachbarn werden, oder?« Er unterdrückte ein Grinsen, als sie sich mitziehen ließ.

Vor dem Ofen blieb er stehen, holte einen Hocker und öffnete die obere Tür. »Bitte steigen Sie auf den Schemel und schauen Sie einmal nach rechts oben«, bat er sie.

»Wenn Sie meinen.« Evelyn stieg hinauf und beugte sich leicht vor. »Bei dem Qualm kann ich aber nichts sehen und außerdem stinkt es.« Sie bewegte einen Fuß zum Boden.

Jetzt! Hajo griff ihren Knöchel, riss das Bein hoch und schubste sie in den Ofen.

Ihre Schreie klangen dumpf hinter der Tür, nachdem er sie zugeworfen hatte.

Rasch warf er in die Klappe unterhalb feuchte Erlenspäne. Würden zuerst ihre feinen Schuhe von der Hitze unten verkokeln oder wäre sie da schon erstickt?

Egal, Hauptsache das Problem war vorerst gelöst. Hajo ging ins Haus, nahm die Schnapsflasche aus dem Regal und setzte sie direkt an den Mund. »Scheiße!« Das Auto! Er stellte die Flasche auf den Tisch und spurtete zu dem Fahrzeug. Was für ein Glück, der Schlüssel steckte. Hajo fuhr das Auto in seine Scheune, schnappte beim Rausgehen einen Spaten und lief ein kleines Stück in den angrenzenden Wald.

Schweißgebadet betrachtete er sein Werk und warf den Spaten neben den Erdhaufen. Das Loch sollte reichen. Er schnaufte und ging zum Hof zurück.

Ihre Haut knisterte, als Hajo die Leiche aus dem Ofen hob und auf den Schubkarren legte. Ein kräftiges Räucheraroma umwaberte sie.

Nach einer Stunde war es vollbracht und zufrieden blickte Hajo auf die lockere Erde. Hier würde sie keiner finden.

Zurück auf seinem Hof reinigte er seine Jagdflinte für die Wildschweinjagd, setzte sich anschließend mit einem Bier vor den Fernseher und schlief auf dem Sofa ein.

Stimmengewirr und ein Schuss rissen Hajo aus dem Schlaf. Fluchend rannte er zum Fenster und erstarrte. Menschen in weißen Anzügen liefen herum. Das kannte er aus den Krimisendungen. Ein erschossenes Wildschwein lag auf seinem Grundstück und daneben die tote Imstetten.

»Herr Rapp, öffnen Sie! Polizei!«

Als ihn die Beamten abführten, blickte er auf seine Flinte in der Ecke. Wäre er doch nur gestern noch auf die Jagd gegangen.

»Und hier die neuesten Meldungen des Tages.« Edgar drehte das Radio lauter. »Die Wildschweinplage bringt nicht nur Verwüstung. Spaziergänger machten heute einen grausamen Fund und alarmierten die Polizei, als sie am Ende des Köhlereiweges Wildschweine entdeckten, die an einem Körper zerrten. Es handelt sich um die Leiche einer neu zugezogenen Unternehmerin, die anscheinend im Räucherofen der Forellenräucherei zu Tode kam. Die feinen Nasen der Tiere konnten wohl dem Geruch nicht widerstehen. Sie gruben die Tote aus und schleppten sie zum Weg. Weitere Informationen erwarten wir in einer Stunde im Rahmen der Pressekonferenz.«

*

Geräucherte Forellenfilets mit Apfelmeerrettich und Feldsalat

Zutaten
Geräucherte Forellenfilets
1 Apfel
1 halbe Zitrone
2 Teelöffel Sahnemeerrettich
etwas Salz

Feldsalat
Himbeeressig
Olivenöl
Pfeffer
Salz
Honig
Balsamicocreme

Weißbrot

Zubereitung
Den Apfel fein reiben, die halbe Zitrone pressen und mit dem Sahnemeerrettich und etwas Salz mischen.

Himbeeressig, Olivenöl, Pfeffer, Salz und etwas Honig zu einer Vinaigrette verrühren und mit dem Feldsalat vermischen.

Die Forellenfilets auf dem Teller mit etwas Apfelmeerrettich anrichten. Den Feldsalat ebenfalls auf den Teller geben und mit etwas Balsamicocreme dekorieren. Dazu Weißbrot reichen.

SIMONE JÖST

Die letzte Nacht in Freiheit

(Aschaffenburg)

Der Zug fuhr in den Aschaffenburger Hauptbahnhof ein. Ben schulterte seinen Rucksack. Er schaute durch die verschmutzte Fensterscheibe des Abteils auf den Bahnsteig hinaus. Reisende eilten mit Koffern bepackt umher, doch von seinen Freunden fehlte jede Spur. Es war ein Fehler, ihr Geschenk, ein Bahnticket und das Versprechen auf einen unvergesslichen Junggesellenabschied, anzunehmen. Früher, als sie noch hier studierten, eroberten sie an den Wochenenden die Kneipen der Altstadt, exzessive Besäufnistouren mit Kopfschmerzen am Folgetag waren keine Seltenheit. Was das für den heutigen Abend bedeutete, konnte Ben sich an den Fingern abzählen. In zwei Tagen wollte er vor den Traualtar treten, ohne irgendwelche Eskapaden, die er später bereuen würde. Warum nur hatte er die Einladung angenommen?

Die Fahrgäste stiegen aus, verteilten sich in alle Himmelsrichtungen. Ben schaute sich vergebens nach seinen Freunden um. Ein Hotelpage in weinroter Uniform mit weißen Handschuhen und einem Hütchen auf dem Kopf trat zu ihm.

»Sind Sie Ben Wegener?«

»Ja.«

»Ich habe eine Nachricht für Sie.« Er überreichte einen Briefumschlag, nickte zum Gruß und verschwand im Gewühl der Menschen. Ben öffnete das Kuvert. Er zog einen Zettel hervor, auf dem stand, dass in der Altstadt ein Hotelzimmer für ihn reserviert worden sei. Die Jungs wollten sich dort mit ihm treffen.

Mürrisch zerknüllte Ben das Stück Papier und warf es in einen Abfalleimer. Zu Fuß machte er sich auf den Weg in die verwinkelten Gassen der historischen Altstadt Aschaffenburgs.

Die Tür des Hotelzimmers fiel hinter ihm ins Schloss. Seine Freunde hatten weder im Foyer gewartet, noch an der Rezeption eine Nachricht hinterlassen. Ben schleuderte seinen Rucksack verärgert auf das Bett. Es war nur ein Gefühl, dass etwas in diesem Zimmer nicht stimmte. Die Einrichtung bestand aus einem weißen Schrank, zwei Sesseln, einem Tisch, einem Fernseher und – einem Doppelbett. Das war es also. Bestimmt klopfte jeden Moment eine Prostituierte an die Tür, mit dem Auftrag, ihn zu vernaschen. Ben seufzte. Der alte Mist, genau wie früher.

Aus der Karaffe auf dem Tisch goss er sich ein Glas Wasser ein und trank. Er ging zum Fenster, zog den Vorhang beiseite, ließ frische Luft herein. Dass seine Freunde etwas in dieser Art vorhatten, war absehbar gewesen. Obwohl ihm der Sinn viel mehr nach dem Aschaffenburger Volksfest auf der anderen Seite des Mainufers stand. Das legendäre Feuerwerk und die Schlossbeleuchtung wären eine schöne Sache für einen Abend wie diesen, oder eine Stadtrundfahrt, um alte Erinnerungen aufleben zu lassen. Sie könnten zur Hochschule fahren, wo ihre Freundschaft begonnen hatte oder einen Spaziergang entlang der Uferpromenade vom Schloss Johannisburg bis zum Pompejanum machen und über die guten alten Zeiten reden. Zum Abschluss dann ein kühles Bier in einer der Altstadtkneipen trinken.

»Hallo, auf gute Nachbarschaft«, rief jemand.

Ben reckte seinen Kopf nach vorne, um zu sehen, woher die Stimme kam. Ein alter Mann mit kahlem Schädel und Hasenzähnen, schaute aus dem Fenster nebenan, winkte ihm fröhlich zu. Ben nickte knapp und zog sich zurück. Er hatte keine Lust auf Konversation, war verärgert, weil die Jungs sich nicht meldeten. Er zückte sein Handy und versuchte sie anzurufen. Richard und Jan waren nicht erreichbar. Peters Nummer hatte Ben in seiner Telefonliste nicht gespeichert. Genervt ging er ins Badezimmer.

Als er die Tür öffnete und das Licht einschaltete, setzte sich der Dunstabzug dröhnend in Gang. Ben erstarrte. So etwas Entsetzliches hatte er noch nie gesehen. Sein Herzschlag stolperte. Er schlug die Hände vor den Mund, würgte, hielt sich am Türrahmen fest. Der Anblick war grauenhaft und brannte sich in seine Netzhaut. Rote Blutspritzer übersäten die weißen Kacheln in der Duschkabine. Richard lag tot mittendrin, blutüberströmt, zusammengekrümmt, nur mit einem Slip bekleidet. Seine Augen starrten zur Decke. Ein Arm baumelte über den Rand. Die Innenseite der Kabinentür war mit Fingerschlieren verschmiert, was auf einen verzweifelten Kampf hindeutete.

Die Kleider des Toten lagen auf dem Fußboden verstreut. Der Teppichvorleger war zur Seite gerutscht und die zwei hoteleigenen Zahnputzbecher bis unter die Toilette gerollt. Richard musste sich heftig gegen seinen Mörder gewehrt haben.

Ben wurde übel. Er schloss die Badezimmertür und lehnte sich von außen mit pochendem Herz dagegen.

»Ach, du Scheiße«, wimmerte er. Was sollte er jetzt tun? Seine Gedanken jagten im Kreis. Ehe er einen klaren Gedanken fassen konnte, hörte er Schritte im Hotelflur. Sie stoppten vor der Tür. Es klopfte.

Ben betete, dass der unerwünschte Besucher verschwand, wenn er keine Antwort bekam. Mit tiefen Atemzügen kämpfte er gegen die aufsteigende Übelkeit an.

»Zimmerservice.« Erneutes Klopfen.

Ben rollte die Augen.

»Herr Wegener, ich weiß, dass Sie in Ihrem Zimmer sind.«

Und jetzt? Wenn Ben nicht antwortete, weckte er erst recht das Misstrauen des Kellners.

»Geht es Ihnen gut? Herr Wegener?« Das Hämmern an die Tür nahm kein Ende.

»Ich habe nichts bestellt.«

»Das stimmt. Ihre Freunde waren so frei etwas für Sie vorbereiten zu lassen.«

Blitzschnell spielte Ben alle Möglichkeiten durch und kam zu dem Schluss, dass es das Beste wäre, zu öffnen, so zu tun, als ob nichts vorgefallen sei. Zaghaft zog er die Tür einen Spalt breit auf. Der Ober im schwarzen Anzug mit weißen Handschuhen stieß sie vollends auf und versuchte, seinen Servierwagen ins Zimmer schieben. Ben versperrte ihm den Weg.

»Danke. Ich mache das schon.«

»Auf keinen Fall, Herr Wegener«, ignorierte der Mann die Bitte und schob das Wägelchen bis vor den Tisch. Die Schaumkrone eines frisch gezapften Pils schaukelte mit jeder Bewegung hin und her. Ben lehnte sich mit dem Rücken gegen die Badezimmertür. Statt zu gehen, hob der Kellner feierlich die silberne Cloche in die Höhe, unter der ein Teller mit Bens Lieblingsspeise zum Vorschein kam – Bratwurstgröstl. Der Duft zog durch das Zimmer. Ben sog ihn dankbar ein, fühlte sich in Mutters Küche versetzt. Ein Ort, an dem alles gut war und kein Toter in der Dusche lag.

Der Ober deutete eine Verbeugung an und stieß dabei versehentlich mit dem Fuß gegen den Servierwagen. Das Bier schwappte über, verteilte sich auf dem roten Tischtuch.

»Entschuldigung, wie ungeschickt von mir. Ich hole ein feuchtes Tuch aus dem Badezimmer und wische den Fleck auf«, sagte er.

»Nein!« Ben positionierte sich mit ausgebreiteten Armen vor dem Bad. Alle Farbnuancen, die ein Gesicht durchlaufen konnte, spiegelten sich auf seinen Wangen.

»Ich will doch nur den Fleck aufwischen.«

»Es ist gut. Ich mach das schon.«

Ben packte den Kellner am Arm, katapultierte ihn unsanft aus dem Zimmer und warf die Tür hinter ihm ins Schloss. Unauffällig war etwas anderes. Er blieb eine Weile stehen, lauschte den Schritten des Mannes, bis diese sich über den Korridor zur Treppe hin entfernten.

Keine Sekunde länger wollte Ben mit dem Toten in einem Zimmer bleiben. Er nahm seinen Rucksack und beschloss davonzulaufen, nach Hause, zu tun, als ob das alles nicht geschehen sei.

Dieser schreckliche Anblick, Richard blutüberströmt und in Unterhose, spukte durch sein Gedächtnis. Das Bild würde ihn in seinen Träumen heimsuchen oder vor dem Altar auftauchen, wenn er Anita das Ja-Wort gab.

Überall im Raum hatte er Fingerabdrücke hinterlassen. An dem Wasserglas befand sich seine DNS, der alte Mann aus dem Nachbarzimmer hatte ihn gesehen. Die Dame an der Rezeption kannte seinen Namen und seine Adresse. Eine Flucht war also sinnlos.

Normalerweise müsste er die Polizei informieren, erklären, was geschehen war, dass er nichts mit dem Mord zu tun hatte. Doch würden sie ihm glauben? Je länger er nachdachte, wie er den Vorfall schildern sollte, desto absurder erschien ihm die Idee. Der Kellner würde ihn belasten und aussagen, dass Ben sich extrem auffällig verhalten habe, was jede Menge Fragen aufwerfen würde. Wenn Ben Pech hatte, würden sie ihn mit auf das Polizeirevier nehmen und ihn über Nacht einsperren, damit er nicht abreiste, bevor sie von seiner Unschuld überzeugt waren. So ein Prozedere dauerte und seine Hochzeit platzte so sicher wie das Amen in der Kirche.

Schon wieder Schritte im Flur. Sie blieben direkt vor seinem Zimmer stehen. Das mussten die Jungs sein, Jan und Peter. Ben schöpfte Hoffnung. Gemeinsam würden sie einen Ausweg aus diesem Dilemma finden. Es klopfte. Ben riss die Tür auf.

»Hallo, ich bin Chantal«, hauchte eine bildhübsche Frau, die lasziv im Türrahmen lehnte. Sie trug ein schwarzes hauchdünnes Negligé und High Heels. Mit ihrem Zeigefinger fuhr sie über Bens Nasenrücken. »Mit den besten Grüßen von Jan, Peter und Richard.«

Sie schob sich geschmeidig an Ben vorbei ins Zimmer. Er schnappte wie ein Karpfen stumm nach Luft.

»Was ist? Hat es dir die Sprache verschlagen«, gurrte Chantal und legte sich verführerisch auf das Bett.

Ben schloss die Tür. Eine Prostituierte! Das sah den Jungs ähnlich, doch im Moment wäre ein Tatortreinigungsteam nützlicher gewesen. Die Frau musste verschwinden. Er packte sie am Handgelenk.

»Bitte gehen Sie! Ich kann jetzt nicht.«

Sie zog ihn zu sich herunter. Ben verlor die Balance und fiel direkt auf sie.

»Was meinst du, wie viele Männer das schon gesagt haben. Lass mich nur machen«, flötete sie und griff lächelnd in seinen Schritt.

»Hören Sie auf!« Ben rollte sich zur Seite und kletterte aus dem Bett. »Gehen Sie. Sofort!«

Die Frau setzte sich auf, strich eine lose Haarsträhne hinter ihr Ohr und lächelte.

»Du hast recht. Ich muss gehen – mich ein wenig frisch machen.« Sie erhob sich.

Das Badezimmer! Ben sauste um das Bett herum, blieb am Servierwagen hängen, stieß das Glas Pils um. Das goldene Gebräu ergoss sich schäumend zu Boden. Die Prostituierte drehte sich erschrocken um. Ben nutzte den Vorsprung, um ihr den Weg zu versperren. Er lehnte sich mit dem Rücken an die Badezimmertür, legte seine Handflächen schützend dagegen. Chantal trat dicht vor Ben, viel zu dicht für seinen Geschmack.

»Bitte, ich flehe Sie an, verlassen Sie das Zimmer.« Seine Nerven lagen blank.

Chantal fuhr mit der Zungenspitze über ihre roten Lippen und grinste. »Du stellst dich an wie ein kleiner Junge.« Geschickt griff sie unter Bens Arm hindurch, drückte die Klinke hinunter und öffnete die Tür.

Sie sah das Blutbad und schrie! Ben legte Chantal die Hand auf den Mund.

»Ich habe das nicht getan. Bitte, das müssen Sie mir glauben.«

Sie hörte nicht auf seine Worte, riss sich los und rannte kreischend aus dem Hotelzimmer.

Er schloss die Tür, ließ den Kopf auf die Brust sinken und wusste nicht, was er tun sollte. Wenn er sich beeilte und davonlief, hatte er vielleicht eine Chance zu entkommen, bevor die Polizei eintraf. Was für ein beschissener Junggesellenabschied! Die Freundschaft mit den Jungs war hiermit beendet.

Ben griff nach seinem Rücksack, stürmte zur Tür hinaus. Auf der Schwelle prallte er gegen einen Polizisten. Der Kollege neben ihm zog seine Waffe. Sie drängten ihn in das Zimmer zurück.

»Man hat uns informiert, dass sich hier eine Leiche befindet. Bitte öffnen Sie die Badezimmertür.«

In Bens Kopf rauschte es. Oder kam das aus dem Bad? Warum war die Polizei so schnell zur Stelle? Sie würden ihn festnehmen, auf die Wache bringen, verhören, einsperren und unter Garantie nicht rechtzeitig zu seiner Hochzeit entlassen. Es rauschte noch lauter in Bens Kopf.

Plötzlich öffnete sich die Badezimmertür von innen. Feuchtwarmer Wasserdampf entwich. Richard, nur mit einem Handtuch um die Hüften gewickelt, rubbelte seine nassen Haare trocken.

»Was ist denn hier los?«, fragte er.

Ben traute seinen Augen nicht. In der Dusche war kein einziger Tropfen Blut mehr zu sehen. Verwirrt starrte er seinen Freund an, kniff in dessen Arm. Der Polizist steckte seine Waffe in das Halfter und grinste. Die Prostituierte und der Kellner kamen Hand in Hand den Hotelflur entlanggelaufen, gefolgt von Jan und Peter.

»Was ist hier los? Ich verstehe das nicht?«, stammelte Ben. »Du warst doch eben noch tot.«

Richard legte ihm den Arm um die Schulter.

»Was so ein bisschen Theaterblut und coole Freunde alles bewerkstelligen können.« Er lachte. »Kommt rein, Leute. Wir wollen Bens letzte Nacht in Freiheit begießen. Ob nun Knast oder Ehe, das läuft auf dasselbe hinaus.«

Ben begriff, dass er einem Riesenschwindel aufgesessen war. Noch nie hatte er sich dermaßen auf den Arm genommen gefühlt. All das war hinterhältig bis ins kleinste Detail geplant gewesen und er war den Jungs arglos auf den Leim gegangen. Zuerst dachte er daran, beleidigt aus dem Zimmer zu stürmen und den nächsten Zug nach Hause zu nehmen, doch dann schüttelte er den Kopf und grinste. Er war kein Spielverderber. Seine Freunde hatten wahrscheinlich tagelang an ihrem Plan gefeilt, um ihm diesen unvergesslichen Junggesellenabschied zu bescheren. Er verpasste Richard eine Kopfnuss. Gelächter und Erleichterung. Ben setzte sich im Schneidersitz auf das Bett. Seine Freunde lachten und berichteten durcheinander, wie schwierig es gewesen war, dies alles zu inszenieren. Ben griff nach dem Teller Bratwurstgröstl, das die ganze Zeit so wunderbar roch und aß mit Appetit. Er fühlte sich den Jungs plötzlich so vertraut wie früher und Hochzeit hin oder her, jetzt fehlte nur noch die obligatorische Kneipentour durch die Altstadt.

*

Bratwurstgröstl

ein leckeres Gericht zur Resteverwertung!

Zutaten

1 kg gekochte Kartoffeln, am besten vom Vortag
8 fränkische Bratwürste
4 Zwiebeln
2 Knoblauchzehen
Majoran, Kümmel, Salz, Pfeffer, Butterschmalz, Schnittlauch

Zubereitung

Die gekochten Kartoffeln und die Zwiebeln schälen, beides in Scheiben schneiden. Den Knoblauch schälen und hacken, die Bratwürste in dünne Rädchen schneiden.

Das Butterschmalz in einer beschichteten Pfanne erhitzen nacheinander Zwiebeln, Kartoffeln und Knoblauch in die Pfanne geben und so lange braten, bis die Kartoffeln goldbraun und etwas knusprig sind.

Bratwursträdchen mit in die Pfanne geben und 5 Minuten mitbraten.

Das angebratene Bratwurstgröstl mit Salz, Pfeffer, Kümmel und Majoran abschmecken, mit den Schnittlauchröllchen bestreuen und mit einem Gurken- oder Tomatensalat servieren.

Anne Hassel

Liebe geht doch nicht durch den Magen

(Würzburg)

Was? Tante Erna ist über die Brüstung ihres Balkons in die Tiefe gestürzt?

Beugte sie sich zu weit darüber? Wurde ihr dabei schlecht?

Nein?

Das war kein Unfall? Es war Mord?

Sind Sie sicher?

Also ich habe nichts damit zu tun!

Wie kommen Sie denn darauf? Weshalb sollte ausgerechnet ich so etwas machen?

Ich liebte Tante Erna, die einzige Schwester meiner verstorbenen Mutter. Diese kleine, schmale Frau mit dem Kurzhaarschnitt, der sie jünger wirken ließ als zweiundachtzig Jahre. Die mir gerade mal bis zu den Schultern reichte. Deren Ehe kinderlos geblieben war. Die sich stets freute, wenn sie mich sah.

Deshalb besuchte ich sie oft. Kam alle vierzehn Tage von meiner Wohnung im Würzburger Stadtteil Heidingsfeld zu ihr ins Frauenland und das ist ein ganz schönes Stück entfernt. Zu Fuß natürlich zu weit für mich. Das Geld für die Fahrt mit dem Bus musste ich ja auch einkalkulieren, denn riesig ist mein monatliches Budget wirklich nicht. Aber das tat ich gerne, nicht nur wegen der leckeren Fränkischen Rouladen, die Tante für mich kochte. Nicht aus Rind- sondern Schweinefleisch, gefüllt mit Spinat, Möhren und Salatgurken sowie pikant gewürzt. Mein Lieblingsgericht, das Erna so fantastisch zubereitete wie niemand sonst, den ich kenne.

Kann es was Besseres geben? Ich finde – nein!

Gestern war ich auch bei ihr, allerdings nicht, als es passierte. Da war ich schon längst wieder in meiner Wohnung. Ich hatte Karten für die Oper Don Giovanni im Mainfranken-Theater, ein Geschenk meiner Freundin zu Weihnachten. Wissen Sie, ich bin ein Fan von Mozart.

Überhaupt – warum fragen Sie mich? Wenn einer einen Grund hätte, Tante Erna etwas anzutun, dann Klaus. Klaus, ihr Neffe, der Sohn vom Bruder des verstorbenen Mannes. Klaus leidet permanent an Geldmangel. Kein Wunder, da er zu faul zum Arbeiten ist. Er findet ständig Ausreden dafür, weshalb er keine Stelle annimmt oder abgelehnt wird. Mal geht es ihm gesundheitlich nicht gut, mal wäre der zukünftige Chef nicht kooperativ, mal ist die Arbeit seiner Ausbildung nicht angepasst. Dabei besitzt Klaus keinerlei Abschluss für was auch immer. Ich weiß, dass er bei Tante Erna schon oft wegen Geld nachgefragt hat, umsonst. Da biss er auf Granit. Da ist – da war sie wie Dagobert Duck. Saß darauf wie dieser und gab keinen Cent heraus. So weit ging ihre vielgepriesene Nächstenliebe dann doch nicht. Ich kann sie mir richtig vorstellen, wie sie bei der wahrscheinlich freundlich, aber energisch gehaltenen Absage das Gesicht verzog, als habe sie in eine saure Zitrone gebissen. Über Geld konnte man mit Tante Erna wirklich nicht reden.

Nun, sie musste ja auch nichts hergeben. Es handelte sich schließlich um ihr Geld. Obwohl – so ganz stimmt das nicht. Genauer gesagt, brachte ihr Mann Hugo viel Vermögen – Bares und Häuser – mit in die Ehe. Erna arbeitete nie. Hatte sie nicht nötig und damals, zur Zeit der Vermählung, schien es auch nicht schicklich, wenn eine Frau Regierungsrat für den Lebensunterhalt mitsorgte. Also Hugo erbte dann auch von einem Onkel väterlicherseits – ja, wo viel ist, kommt immer noch viel hinzu.

Klaus hat ein Alibi? Ach was! Hätte ich jetzt nicht gedacht.

Und Jana? Was ist mit ihr?

Was ist mit der Schwester von Klaus? Aufgedonnert wie ein Filmstar rennt die durch die Gegend. Nur Markenklamotten kommen an ihren fitnessgestählten Körper, nur die teuersten Schuhe an ihre Füße, nur die erlesensten Speisen werden von ihr verzehrt. Sie arbeitet zwar, aber nur als Tippse bei einem Rechtsanwalt. Ich glaube nicht, dass sie da genügend für ihren aufwendigen Lebensunterhalt verdient. Meinen Sie etwa, Jana hätte ein Mal, nur ein einziges Mal die Fränkischen Rouladen von Tantchen ganz verspeist?

Nie!

Auch nicht bei der Einladung zum 80. Geburtstag, als Erna diese serviert hatte. Eine Feier in einem Lokal kam für Tante nicht in Frage, wäre zu teuer, meinte sie. Ja, geizig war sie.

Also – einen Hauch von Schweinefleisch schob sich Jana damals zwischen ihre blassrot geschminkten Lippen, die sie anschließend nach unten verzog und den Teller von sich schob.

Natürlich beobachtete Tante Erna diese Szene. Gesagt hat sie allerdings nichts. Selbst als ich sie später darauf ansprach, äußerte sie sich nicht dazu.

Sehen Sie, auch Jana käme als potentielle Mörderin in Frage.

Nein, Jana war es auch nicht. Sie besitzt ebenfalls ein Alibi. Keine Zweifel?

Sie arbeitete und es gibt dafür viele Zeugen.

Na ja, dann eben nicht.

Ob ich das Testament der Tante kenne? Nicht wirklich. Irgendwann erwähnte sie, dass sie mich als Alleinerbin einsetzen wolle, da sie Klaus und Jana aus nachvollziehbaren Gründen nicht sehr schätze. Ich maß dem allerdings keine Bedeutung bei.

Was? Sie glauben mir nicht?

Was soll ich zugeben?

Dass ich die Tante vom Balkon gestoßen habe?

Ich wurde gesehen? Kann doch gar nicht sein! Der Nachbar vom Haus gegenüber beobachtete, wie ich mit Tante auf den Balkon ging, hinter ihr stand und sie plötzlich mit einem schnellen Ruck über die Brüstung hob. Er vermutet, sie sei bestimmt so überrascht gewesen, dass sie keinerlei Gegenwehr leistete. Nicht mal schrie. Und, er könne beschwören, dass er mich ganz genau erkannt habe, da ich schon sehr oft die Tante besuchte.

Leugnen zwecklos, zumal ich mich auch noch selbst verraten habe?

Wie denn? So ein Unsinn! Ich kann mich nicht erinnern.

Ich hätte behauptet, ich sei zum Zeitpunkt des Verbrechens schon längst wieder in meiner Wohnung gewesen. Ja! Stimmt.

Was? Sie erwähnten den genauen Zeitpunkt des Unglücks wirklich nicht?

Oh, nein! Wie dumm von mir! Natürlich hat kein Mensch hier auf dem Präsidium etwas darüber verlauten lassen, wann der Mord genau geschah. Wie konnte mir das nur passieren!

Gut, dann verhaften Sie mich wegen des Mordes an Frau Erna Schulte, dieser alten, geizigen Person, die mich zwar mit ihren wunderbaren Fränkischen Rouladen verwöhnte, aber keinen einzigen Cent herausrückte, so sehr ich sie auch darum bat.

Ja, Liebe geht halt doch nicht nur durch den Magen.

*

Fränkische Schweinerouladen

Zutaten
4 Schmetterlingsschnitzel vom Schweinerücken
200 g Blattspinat
Salz
etwa 4 Teelöffel Senf
4 EL Quark
evtl. Schnittlauch in Röllchen geschnitten und gehackte Petersilie
2 Zweibeln in Würfelchen geschnitten
200 g in dünne Streifen geschnittene Salatgurke
1 grob geraffelte gelbe Rübe
100 g milder Schinken
3 EL Butterschmalz
1/8 Liter Weißwein
1/8 Liter Sahne
0,4 Liter Fleischbrühe

Zubereitung
Spinat in Salzwasser kurz blanchieren, abschrecken und gut abtrocknen.
Das Fleisch vorsichtig so dünn wie möglich klopfen. Das gelingt am besten zwischen zwei Gefrierbeuteln.
Leicht salzen und pfeffern, mit Senf und Quark bestreichen, etwas Schnittlauch und Petersilie drüberstreuen und mit den Spinatblättern belegen.
Geschälte, entkernte und in Streifen geschnittene Gurke auf den unteren Teil der Rouladen legen. Jetzt die Hälfte der Möhrenstreifen und einige Zwiebelspalten drüberstreuen und die Rouladen aufrollen. Mit Pfeffer würzen und vorsichtig in die Schinkenscheiben wickeln.

Das Butterschmalz in einem Schmortopf erhitzen, Rouladen mit der Nahtseite nach unten in die Pfanne setzen und darin rundherum anbraten.
Restliche Zwiebeln und Möhrenraspel zu den Rouladen geben und kurz mitbraten. Etwas Wein und Brühe zugießen.
Den zugedeckten Topf auf die unterste Schiene in den vorgeheizten Backofen stellen und bei 230 Grad 20 bis 30 Minuten garen.
Nach 15 Minuten den Deckel entfernen, den restlichen Wein, restliche Brühe und die Sahne angießen und fertig braten.
Die Rouladen aus dem Topf nehmen und warm stellen.
Den Fond in einen Topf umgießen und mit dem Pürierstab durchmixen.
Die Sauce eventuell noch etwas einkochen, sodass sie schön sämig ist.

Die Autoren

PAULA BENGTZON

(*1958) lebt und arbeitet in Bochum. Wenn sie nicht schreibt, widmet sie sich mit Leidenschaft ihren Kochexperimenten. Schreiben und Kochen sind Tätigkeiten, die sich hervorragend ergänzen: Ohne gute Zutaten geht es nicht.

LILO BEIL

(*1947) wuchs in einem südpfälzischen Pfarrhaus auf. Nach dem Studium der Anglistik und Romanistik in Heidelberg unterrichtete sie 36 Jahre lang an einem Odenwälder Gymnasium. Die Mutter von drei erwachsenen Töchtern lebt mit ihrem Mann und Hund Lennie nahe Weinheim.

Veröffentlichungen: sieben Kriminalromane, davon sechs um den sympathischen Kommissar Friedrich Gontard, fünf Erzählbände, davon zwei mit Kurzkrimis, Beteiligung an zahlreichen Anthologien (fast alle im Wellhöfer Verlag erschienen). Mitglied im Syndikat.

ALEX CONRAD

(*1965) lebt seit 2000 auf Mallorca. Im Sommer 2010 trat sie als Gründungsmitglied dem Autorenkreis Son Baulo bei. Angeregt durch das Leben auf Mallorca entstanden die »Mallorca Schattengeschichten« als Gemeinschaftsprojekt mit Elke Becker. Im »Magira Jahrbuch zur Fantasy 2012« erschien ein Beitrag zu einer Fantasytrilogie, sie ist mit der Kurzgeschichte »Schuldig« in der Anthologie »Nürnberg auf die kriminelle Tour« vertreten und 2013 wurde die Kurzgeschichte »Der Buchliebhaber« in der Anthologie »Schreibaffären« veröffentlicht. 2014 erschienen die Kurzgeschichten »Der überirdische Theodor« und »Hammerhart« in der Anthologie »Das Haus der 13 Mörder«.

TONI FELLER

(*1951) Maschinenbaustudium, danach Polizeilaufbahn, Kriminalhauptkommissar und 26 Jahre Mitglied der Mordkommission sowie über 10 Jahre Mitglied der Verhandlungsgruppe beim Polizeipräsidium Karlsruhe, seit September 2011 in Pension.

1994 erste Veröffentlichung eines Lyrikbandes, bis heute insgesamt 12 Bücher verschiedener Genre, 12 Bühnenstücke (Komödien), Drehbuchvorlagen für drei Dokumentarfilme, Publikationen in Fachzeitschriften, mehrere Auszeichnungen des Arbeitskreises Heimatpflege Nordbaden, Teilnahme an verschiedenen Drehbuchautorenseminaren am Goethe-Institut Freiburg und Schreibseminaren des Förderkreises Deutscher Schriftsteller.

Sieben TV-Auftritte als Buchautor u.a. bei Susanne Fröhlich (MDR), Markus Lanz (ZDF) und Frank Elstner (SWR).

Aktuelle Bücher: TÖDLICHES SPIEL, Stuttgart-Krimi erschienen Oktober 2010 beim ars vivendi Verlag, DAS GESICHT DES TODES (authentische Kriminalfälle) erschienen im April 2011 beim Heyne Verlag, DIE SÜNDE; Thriller; erschienen September 2013 beim Wellhöfer Verlag

SABINE FINK

(*1969) Dortmund, lebt nach Stationen in Köln, Braunschweig und Hongkong mit ihrer Familie in Mittelfranken. Die gelernte Informatikerin war einige Jahre in der Erwachsenenbildung tätig. Heute arbeitet sie in einer offenen Ganztagsschule sowie als freie Autorin. Neben einigen Kurzgeschichten erschien im Jahr 2011 ihr erster Erlangen-Krimi »Kainszeichen«, 2013 folgte »Judasbrut«.

www.sabine-fink.de

ANNE GRIESSER

aufgewachsen im Odenwald, studierte Ethnologie, Volkskunde und Germanistik, bevor sie auf die schiefe Bahn geriet. Nach einigen Ausflügen ins seriöse Berufsleben schwingt sie heute in

Freiburg als Autorin (Kurzgeschichte, Roman, Hörspiel, Theater), Herausgeberin und Krimi-Entertainerin die Feder und so manches blutige Theaterrequisit.

Sie ist Mitglied bei den »Mörderischen Schwestern« und im »Syndikat«.

Zuletzt erschienen ihr historischer Roman »Das Heilige Blut« und im Wellhöfer-Verlag der Krimi »Die tote Spur«.

www.anne-griesser.de

ANNE HASSEL

Mitglied bei den Mörderischen Schwestern und im Syndikat.

Bisherige Veröffentlichungen: zwei Kriminalromane, zwei Märchenbücher, zwei Kinderbilderbücher, ein e-Book, viele Beiträge in Anthologien sowie Kindergeschichten in Tageszeitungen und Kinderzeitschriften, Kinder- und Erwachsenen-Theaterstücke, außerdem ist sie Mitherausgeberin von sieben Anthologien.

KATRIN JACOB

Die studierte Journalistin verdingt sich eigentlich als TV-, Verlags- und Onlineredakteurin. Doch sie frönt auch erfolgreich ihrer Leidenschaft für das Schreiben von Krimis. Bereits erschienen: »Versteckt und zugenäht« und »Ringlein, Ringlein«, mit dem beliebten Mutter-Tochter-Detektivgespann Charlotte und Tara Schwab (Buchverlag Peter Hellmund). Ihre skurril-morbiden Kurzgeschichten sind unter dem Titel »Das Leben ist grausam« als E-Book veröffentlicht worden. Katrin Jacob lebt mit ihrer Familie in Augsburg. Sie ist eine »Mörderische Schwester«.

SIMONE JÖST

ist Krimiautorin und lebt im Odenwald. Das Handwerk des Schreibens ist ihre Leidenschaft. Sie absolvierte ein Belletristikstudium und publizierte zahlreiche Kurzgeschichten in Anthologien. Sie sammelte Erfahrungen im Verlagswesen, ist Herausgeberin diverser Krimibände, veranstaltet Lesungen, ist Mitglied bei den »Mörderischen Schwestern« und vergisst darüber hinaus schon mal, dass sie keiner Fliege etwas zuleide tun kann.

www.simonejoest.de

MICHAEL KRESS

(*1964) Stuttgart, wohnt seit 1994 in Nürnberg, und fühlt sich in beiden Städten sehr wohl. Seine Geschichten über Alltägliches, wie Mord und andere Unglücke, sind in mehreren Anthologien vertreten.

SABRINA MORRIGL

(*1987) lebt in Freilassing und arbeitet im familieneigenen Hotelbetrieb. Das Schreiben entdeckte sie beim Kartoffelschälen, als ihr ein Plot einfiel, der nicht mehr verschwand.

Mitglied der »Mörderischen Schwestern«. Sie schrieb als Redakteurin für eine Lokalzeitschrift, rezensierte Bücher für einen Regionalverlag und leitet ein monatliches Literaturcafé.

Preisträger des Science-Fiction-Literaturpreis DLR, Astrium und VFR e.V. Ihre Kurzgeschichte »Mann auf dem Mars« erschien in der deutschen Raumfahrtchronik und wurde 2012 von WDR 5 als Hörbuch produziert und gesendet. Nominierung für den Goldbroiler 2012 für ihren Kurzkrimi »Das Begräbnis«.

NICOLE NEUBAUER

(*1972) studierte englische Literaturwissenschaft und Jura in München und London. Nach zehn Jahren als Rechtsanwältin im Kampf gegen Wirtschaftskriminalität wagte sie den Sprung in die Selbstständigkeit und arbeitet freiberuflich als Schriftstellerin, Rechtsanwältin und Lektorin. Sie ist Mitglied der »Mörderischen Schwestern e.V.« und der „Autorinnenvereinigung e.V.«

Im Juni 2013 erschien ihr kulinarischer Kurzkrimi „The Old Peculier« in der Anthologie »Porridge, Pies & Pistols« des Conte-

Verlags. Der Kriminalroman »Kellerkind« erscheint 2015 im Blanvalet Verlag. Sie wohnt mit ihrem Mann und ihren kleinen Töchtern im Herzen Schwabings. Aufgewachsen auf einem Bauernhof mit Pferden und vielen Katzen, lebt sie nun in einem Szeneviertel zwischen Kleinkunstbühnen und Absturzkneipen, dessen skurrile Bewohner ihr ans Herz gewachsen sind und unendlichen Stoff für neue Bücher liefern.

JOSEF RAUCH

(*1968) in Eichstätt, schreibt seit 2007 Kriminalliteratur der Kategorie »Hardboiled«. Protagonist seiner Werke ist der hartgesottene Fürther Privatdetektiv Philipp Marlein, die fränkische Antwort auf Raymond Chandlers Kultschnüffler Marlowe. Josef Rauch hat bisher die Fürth-Krimis »Der Fall Urbas« und »Der tiefe Fall«, den Max-und-Moritz-Krimi »Rickeracke«, diverse Erzählungen (u.a. in den »Tatort Franken«-Anthologien) sowie den fünf Kurzkrimis enthaltenden Sammelband »Die überirdischen Fälle des Philipp Marlein« (als Kindle E-Book) veröffentlicht. Im Herbst 2014 erscheint sein neuer Roman »Schwarze Madonna«, in dem Marlein zusammen mit dem Allgäuer Hobbydetektiv Emil Bär in Fällen verschwundener und ermordeter Säuglinge ermittelt und dabei einer neuheidnischen Sekte fanatischer Marienverehrerinnen auf die Spur kommt.

KAI RIEDEMANN

(*1957) in Elmshorn, Schleswig-Holstein, Studium der Germanistik und Allgemeinen Sprachwissenschaft in Hamburg, Dissertation über die Comic-Strip-Serie »Peanuts«. Tätig als Redakteur bei einer TV-Zeitschrift. Veröffentlichung von über 200 Kurzgeschichten in Genres wie Krimi, Science-Fiction, Fantasy, Kinderliteratur sowie Beiträge für Kabarett und Kindertheater. Wahl-Hamburger mit Freude an der vielfältigen Küche der Hansestadt. Gastronomie-Erfahrung: mehrere Jahre Mitarbeit im elterlichen Restaurant.

LEONHARD F. SEIDL

saß im Knast um für die Arbeit »Beschriebene Blätter – Kreatives Schreiben mit straffälligen Jugendlichen« zu recherchieren, die 2007 ausgezeichnet wurde. Jetzt lebt er in Nürnberg. Seine Texte wurden mehrfach prämiert. 2011 debütierte er mit seinem Roman Mutterkorn, der für den Förderpreis zum August Graf von Platen Literaturpreis nominiert wurde. Für seinen zweiten Roman »Genagelt«, der 2014 im Emons Verlag erschien, mussten drei Menschen und etliche Bäume ihr Leben lassen. Seidl ist u. a. Mitglied im Schriftstellerverband und im Syndikat.

www.textartelier.de

INGE STEINMÜLLER

geboren in Fürth, Studium in Erlangen, Duisburg und Hamburg, lebt nach langen Jahren in Hamburg wieder in Franken. Sie schreibt für Zeitschriften und Wirtschaftsunternehmen, macht systemische Aufstellungen und coacht als Symbolon-Therapeutin.

In der Anthologie »Nürnberg auf die kriminelle Tour«, herausgegeben von Anne Hassel und Ursula Schmid-Spreer, hat sie zwei Kurzkrimis veröffentlicht.

RIKE STIENEN

war einige Jahre als Anwältin tätig, bevor sie eine Ausbildung zur Drehbuchautorin absolvierte. Seitdem entwickelt sie für diverse Filmproduktionen Stoffe fürs Fernsehen. Daneben sind bisher von der Autorin drei Liebesromane und zwei Kurzromane erschienen. Sie lebt und arbeitet am oberbayerischen Alpenrand in der Nähe des Chiemsees.

www.rike-stienen.de

URSULA SCHMID-SPREER

Lehrerin im Gesundheitsbereich, zahlreiche Veröffentlichungen in Literatur-, Fernsehzeitschriften und Anthologien, (Mit)

Herausgeberin von Krimianthologien, Kriminalroman »Die Nürnbergerin« und »Der Tote vom Silbersee«, Mitglied bei den Mörderischen Schwestern und im Syndikat, Organisatorin von Schreib-Seminaren und dem Nürnberger Autorentreffen

www.schmid-spreer.de

CLAUDIA SCHMID

lebte dreißig Jahre in Bayern, bevor sie sich ihren Traum erfüllte und an der Mannheimer Schlossuniversität Germanistik studierte. Seither lebt sie mit ihrer Familie in der Metropolregion Rhein-Neckar. Sie schreibt Kriminelles, Historisches und Reiseberichte. Zusätzlich zu ihren Büchern hat sie zwei Dutzend Kurzgeschichten veröffentlicht und mehrere literarische Preise erhalten.

www.ClaudiaSchmid.de

INGRID WERNER

(*1964) München, liebt die berufliche Abwechslung: Bankkauffrau, Juristin, Mutter von drei Kindern, Heilpraktikerin, Entspannungspädagogin, freischaffende Malerin und Autorin. Nach langen Jahren in München und Studium in Erlangen lebt sie nun mit ihrer Familie in Bad Griesbach in Niederbayern. Im Emons Verlag erschienen die beiden Rottal-Krimis »Niederbayerische Affären« und „Unguad«. 2013 wurde sie mit der Kurzgeschichte »Ein wasserdichtes Alibi« für den Agatha-Christie-Krimipreis nominiert. Im August 2014 kommt ihr dritter Kriminalroman beim Emons Verlag heraus.

www.werner-ingrid.de

FENNA WILLIAMS

(*1956) lebt und arbeitet in Wiesbaden und überall dort, wohin die Recherchen ihrer Krimiserien, ihrer Kurzgeschichten und ihres Blogs sie führen (www.genussliga.de). Fenna hat vier Passionen: Schreiben, Shakespeare, Single Malt Whisky und den Wunsch, diese drei Dinge immer wieder zu verbinden.

Wenn es Paula in ihrer Wohnung zu eng oder Fenna am Schreibtisch zu einsam wird, machen sie sich gemeinsam an Geschichten, mit denen sie sich selbst und andere durch gepflegten Schwarzen Humor unterhalten möchten.

Nürnberger Morde

Anne Hassel, Ursula Schmid-Spreer (Hrsg.)
208 Seiten, Euro 11,90

Wo ist die Leiche vom Henkersteg? War es wirklich ein Unfall, der die Sängerin beim Bardentreffen das Leben kostete? Und wurde das weit verzweigte Felsenlabyrinth unter Nürnbergs Innenstadt zum Schauplatz grauenhafter Machenschaften?
Antworten auf diese Fragen finden sich in 25 ungewöhnlichen, heiteren und nachdenklichen Geschichten.
Lassen Sie sich gefangen nehmen von den Erzählungen, die Ihnen Nürnberg von einer Seite zeigen, die Sie so noch nicht gesehen haben.

Und passen Sie gut auf sich auf, denn Mord ist eine ernste Sache. Eine todernste!